女たちは帝国を破壊したのか

マーガレット・シュトローベル

女たちは帝国を破壊したのか

ヨーロッパ女性とイギリス植民地

井野瀬 久美恵 訳

知泉書館

凡例

一、本書は、Margaret Strobel, *European Women and the Second British Empire*, Bloomington and Indianapolis: Indiana University Press, 1991の全訳である。

一、原著は、註番号が付されて、そのつど文献を示す註形式がとられているが、註で示された文献と原著巻末に掲載されている文献がほとんど重複している。そのため訳書では、（1）というかたちで註番号を付し、ページの欄外に〝原著者名・出版年・ページ数〟を略記する引用形式に改めた。

一、訳者による註記は、註番号に＊を付し、各見開きの左下の欄外にまとめた。

一、原著で使用された［ ］は生かし、訳者による補足はすべて〔 〕でくくった。

一、原著の——および（ ）でくくってある箇所は、一部とりはずして訳出した。

一、原著のイタリック体の箇所は、必要に応じて傍点を付した。

一、巻末の引用文献一覧は、引用形式に改めるにあたり、表記のしかたなど、訳者のほうで整理しなおした。

一、引用文献一覧のなかで、原著の出版当時「近刊」(forthcoming) となっていた文献については、その後の新たな情報と差し替えた。

一、引用文献一覧にあげられている著書・論文ともに、邦訳があるものはできるかぎり示した。ただし、訳文はかならずしもそれに依っていない。

一、索引は、原著にもとづいて作成した。

日本語版に寄せて

『女たちは帝国を破壊したのか——ヨーロッパ女性とイギリス植民地』（原題、*European Women and the Second British Empire*）が、翻訳者である井野瀬久美惠氏の技量と努力によって、日本の読者に読んでいただけることをひじょうにうれしく思います。

本書の出版から一〇年のあいだに、この分野はわくわくするような展開をしてきました。それについては、井野瀬氏が解題で示してくれると思います。私自身は、アフリカ史（私が研究訓練を受けた分野）、そしてジェンダー、人種、帝国の分野、そのいずれにおいても研究を継続したわけではありません。もし私がいま後者のテーマについて書くならば、一五年前の私とはちがった話題と取り組むでしょう。ヨーロッパ人女性を現地人女性から孤立させせないやりかたをみつけたかもしれません。植民地化した側の女性と植民地化された側の女性とがどのように相互に影響を与えあったのか、あるいは彼女たちのあいだで女性性と男性性についての考え方がどのように関係しあっていたのか、こうしたことに目を向けられるような研究の枠組み作りに努めるだろうと思います。

たとえば、私は、『モンバサのムスリム女性、一八九〇〜一九七五年』につながる博士論文のための調査を終えたのち、二つ目のプロジェクトをはじめたいと思っていました。そのなかで、私は、一九〇七年に奴隷制度が廃止される以前と以後において、ケニア沿岸部のスワヒリの家事労働がどうだったかについて調べるつもりでいました。植民地時代の間に、家事労働――とりわけ料理――は、ますます男性の仕事になっていったのです。そのとき私が研究の方向づけを与えられていたとしても（私は白人がアフリカで何をしたのかには関心がありませんでした）、おそらく私は、そのなかに、インド人やヨーロッパ人の雇い主のもとで働く家事使用人を含めようなどとは思いもしなかったでしょう。しかしながら、そういった〔インド人やヨーロッパ人に雇われたアフリカ人の家事使用人たちの〕話には、さまざまな関係性――アフリカ人とアフリカ人、アフリカ人とヨーロッパ人、アフリカ人とインド人――のコンテクストで変化するジェンダーの役割、男性・女性というジェンダー・アイデンティティの問題がつまっているのです（幸運にも、私の友人であるカレン・トランバーグ・ハンセンが、まさにそのようなプロジェクト、『遠くの友――ザンビアの使用人と雇い主、一九〇〇〜一九八五年』をおこなっています）。

ジェンダーや人種、帝国の研究にたいする私の貢献はささやかなものではありますが、日本の読者のお役に立てればと願っております。

二〇〇二年秋　シカゴにて

マーガレット・シュトローベル

目次

まえがき

一九六〇年代末、私が学部でアフリカ史を学んでいた当時、この科目についての不満を正確にいえば、研究者たちがヨーロッパ人がしたことに重きをおきすぎていることだった。そうではなくて、アフリカ側の活動やイニシアティヴに焦点を合わせるべきなのである。そうするうちに、私たちのなかには、ヨーロッパ中心にせよ、アフリカ中心にせよ、およそアフリカ史の叙述に女性の姿がないことに気づく者が現れた。私がケニアに向かったのは、双方の記述にある欠陥をただすためだった。一九七〇年代初め、処女作『モンバサのムスリム女性、一八九〇〜一九七五年』[1]のためのフィールドワークをおこなううちに、私は、一九五〇年代、ケニアでアラブ人女子学校を経営していたミス・シルヴィア・グレイの話を耳にした。親たちはミス・グレイをとても尊敬しており、それに応えて、ミス・グレイは、少女をめぐるイスラムの慣習を慎重に擁護した。ほかにも、ミス・アンソニーというヨーロッパ

(1) Strobel (1979).

人の産婆や、アラブ系、スワヒリ系の学校ができる以前に少女たちを教えていた地元ミッション・スクールの教師の名を口にする親もいた。とはいえ、自分の専門領域に忠実だった当時の私は、ミス・グレイやミス・アンソニーらにほとんど興味を覚えなかった。私にとって重要だったのはアフリカ側の主体性であった。

しかしながら、その後、女性学や女性史の講義で第三世界の女性のことを書いたり教えたりするようになった私は、白人の女性研究者と第三世界の女性との適切な関係とは何かについて、真剣に考えるようになった。第三世界の女性について書く際、私は、彼女たちの生活にたいする自分自身の見方や認識の限界をどれくらい克服できるだろうか。私自身の見方と彼女たちの見方とはどの程度までならバランスがとれるのか。帝国主義によってもたらされた不平等を緩和するにはどうすればいいのか。帝国主義は、私には彼女たちを記述するための手段や資料を与えてくれたが、その逆ではないのだ。こうした問題にたいする答えがみつからなかったこともあって（それに現実的ないくつかの問題も重なって）、私がつぎの主たる研究対象として選んだのは、自分ととても似通っている女性、すなわち現代アメリカのフェミニストたちであった。

こうしたせめぎあいが頭のなかをかけめぐっていたとき、私は、改訂と再版を重ねるヨーロッパ女性史のテキスト、『可視化される女性たち』の編者のひとり、レナート・ブリデンサルと出会った。私が彼女に、〝この本に帝国におけるヨーロッパ人女性についての一章を入れてはどう？〟というと、彼女は、よき編集者というのがつねにそうであるように、〝だったら、あなたが書いてみたら〟と提案してくれた。(2) この仕事は、私の興味をおおいにそそった。なぜなら、その作業は、ヨーロッパ人女性の生活に帝国主義の側面をつけ加えるものであり、それによって植民地化された人びとの主体性が矮小化されるわけではないからである。私には後者のことを書くつもりはなかった。ドロシー・ヘリー、そしてインディアナ大学出版局における私の担当編集者ジョーン・カタパーノの励ましで、私は、『可視化される女性たち』の一章を拡大して論文にまとめた。その間に、私は、ヌプール・チャウドュリといっしょに西欧の女性と帝国主義にかんする論文集を編んだが、(3) その編集作業をつうじて、私は、植民地帝国のヨーロッパ人女性について一次研究をしている私のような研究者がたくさんいること、そして彼らが、こういった女性たちの人生が植民地への無批判の郷愁を助長するために使われたとする私の理解を共有していること、を知ったのである。(4)

植民地のヨーロッパ人女性にかんする資料の多くは、旅行記や回想録のかたちをとっている。さまざまな出版社が女性の旅行記を再版するようにな

(2) Strobel (1987), pp. 375–96.

(3) Chaudhuri and Strobel, eds. (1992). この論集の一部は、シュトローベルとヌプール・チャウドュリが編集した特集、*Women's Studies International Forum* 〔13, no. 4 (1990)〕に掲載された。

(4) この動向についての優れた批判は、Nair (1990), pp. 8–34を参照。

り、女性の植民地回想録というマイナー・ジャンルも登場しつつある(5)（男性の植民地回想録はかなり長きにわたって存在している）。こうした回想録収集者のなかに、ヨーロッパ人女性と相互に影響を与えあった現地人のことを理解しようとした人はほとんどいなかった。その結果、〔ヨーロッパ人女性の〕植民地生活につきまとう困難と冒険は、とりわけ初期の時代においては一種の空想物語になってしまい、帝国のコンテクストも現地人の声もかき消されてしまう。現地人ではなく、ヨーロッパ人女性に焦点をあてることで、できるかぎり、そのコンテクストとその声が回復されれば幸いである。

　この仕事はおもしろかったが、私を現代アメリカのフェミニズム研究に駆りたてた問題の解決には役だたなかった。私は、アフリカ人女性について書き、教える者として、私と似たような立場にあった白人女性の生活と活動を、著作のなかで評価しなければならなかったからである。帝国主義というコンテクストのなかで、彼女たちは、第三世界の男女とも互いに影響を与えあった。植民地化された人びとになんの思いやりも感じないような女性ならば、たとえ彼女たちの態度がどこからくるのかがわかっていても、簡単に扱うこともできるだろう。しかしながら、援助の手をさしのべようとして植民地にやってきた女性の場合はそうはいかない。善意は破壊的行為のつぐないにはならないが、かといって、時代の価値観や姿勢を完全に超越することな

(5)　たとえば **Alexander** (1983); **Trollope** (1983); **Simpson** (1985); **Richards, H.** (1985) を参照。**Leith-Ross** (1983) と **Perham** (1983) の二冊は序論がいい。デボラ・バーケットは、われわれの時代に、フェミニズム文学と植民地への郷愁の双方において、帝国時代の人種差別主義〔的解釈〕が再生産されることへの警告を発している。**Birkett, Deborah** (1986), **pp. 18–19.**

ど、人間に期待できるはずもないだろう。だからこそ、私は、植民地で積極的な貢献を試み、自分たちの時代と文化にひそむ自民族中心主義や男女差別をのり越えようとしたヨーロッパ人女性に共感を覚えた。私は、彼女たちを、単なる文化帝国主義者、軍隊や植民地行政という悪玉警官にたいする善玉警官、とみなしているわけではない。なるほど、彼女たちは、帝国主義という枠組みからのがれることはできなかったが、彼女らがイギリスやヨーロッパ本国にとどまったとしても、その人生は自国の帝国主義から影響を受けただろう。本書のなかで私は、帝国主義の枠組みに焦点をあてつつ、こうした女性たちの活動を、とりわけ現地人の生活に入りこみ、自分自身の考え方でその改善を試みた女性たちの活動を、探ってみたいと考えている。

本書では、つきあわせる必要のあるいくつかの問題や文献を紹介しようと思っている。ここで私が用いる「ヨーロッパ人」女性という言葉は、ヨーロッパ出身の女性のことをいう。もっぱら英領アフリカ、アジアに渡ったイギリス人女性のことだが、さほど厳密なものではない。一九、二〇世紀には、アメリカ出身の女性もイギリスの植民地に姿を見せており、そのなかには宣教師だったアフリカ系アメリカ人女性も含まれていた。しかしながら、私は、すでに拡大気味だった焦点を絞り、ヨーロッパ人女性に照準を合わせようとした。[6] さまざまな国籍の女性がさまざまな文化をトランクにつめこんだ

(6) Jacobs (1992), pp. 207–28を参照。

だろうが、私は、そのようなトランクにはほとんど、あるいはまったくといっていいほど関心がない（それは、別の本の、重要かつ興味深いテーマだ）。ここでの私の関心は、植民地化する者とされる者とのあいだの力関係、植民地化する集団内部で展開された力学にある。基本的には、一九世紀中葉以降のサハラ以南のアフリカ、ならびにアジア（もっぱらインド）の大英帝国[*1]を中心としているが、ときに比較のために他の帝国をひきあいに出すこともある。だが、それとて、けっして体系だった比較を試みているわけではない。なかには、同じ章で、たとえばインドとケニアのように、まったく異なる社会や植民地統治を描くこともある。それが妥当、あるいは賢明であるかについては疑問視する向きもあろう。そのような声にたいして、私はこう答えておきたい。植民地に到着したヨーロッパ人も、イギリスから広まった植民地政策も、そしてメムサーヒブ[*2]にかんする性格描写も、時代を照らし合わせてみるとその姿はどれもよく似ている、この類似性ゆえに私がとった手法は妥当である、と。多様な植民地帝国の特定の場所や時代にかんする研究論文も必要だが、それはほかの多くの研究者がおこなっている。各論をまとめて疑義を提示する必要もあるのであり、本書ではそれを試みることにする。植民地におけるヨーロッパ人女性というテーマに批判的なまなざしを向けることは、近年よみがえった植民地への郷愁ゆえにいっそう必要なのである。この郷愁はとりわけ、私が第I章で述べる〝帝国を破壊した〟メムサーヒブ神話とはまったく逆のかたち、〔すなわち〕植民地を舞台に白人女性をヒロインとして描こうとすることにはっきりと現れている。この分裂は、処女と売春婦という、二つに引き裂かれた昔ながらの女性像を映しだすものであろう。

この機会に、自身の専門知識という恩恵を私に与えてくれた多くの人たちに感謝の念を表しておかなければならない。リネイト・ブリデンサル、クローディア・クーンツ、スーザン・ステュアートは、本書の原稿のもとになる論文〔を収めた『可視化される女性たち』〕の編者であり、名を伏せた九人の査読者と同じく、〔私の原稿を〕詳細に検討してくれた。植民地時代のナイジェリアのヨーロッパ人女性を扱ったヘレン・カラウェイの著作は、姿を現しつつあったこの分野のモデルであり、彼女自身、本書の内容にすばらしい示唆を与え、詳細にこだわりつつ、いくつかの資料を提供してくれた。カレン・トランバーグ・ハンセンは、基本的な参考文献一覧を作成し、草稿段階でいくつかの批判をくれた。こうしたコメントや参考文献にかんする助言に加えて、カレンがヌプール・チャウドュリと共同執筆していたインドのメムサーヒブにかんする未公刊論文は、〔『可視化される女性たち』所収の〕私の論文ならびに本書とに基本的な情報と貴重な洞察とを与えてくれた。未公刊の著作を送ってくれたバーバラ・ラムサックからは、彼女のインドにかんす

＊1　本書で用いる「大英帝国」とは、一八世紀後半のアメリカ独立以後、インドを中心に再編成された、原著のタイトルにもなっている「第二次英帝国」のこと。
＊2　ヒンディー語で「奥方」を意味し、本書で述べられる特定のイメージとともに、もっぱら植民地インドのイギリス人植民地行政官の妻（ヨーロッパ人女性）のことをさす。

る知識をおおいに役だたせてもらった。ほかにも、ドロシー・ヘリー、スーザン・ブレイク、シンシア・エンロー、スーザン・ガイガー、ウィリアム・ホイジントン、マリオン・ミラー、シルヴィア・ヴァツークから有益なコメントや参考文献資料の提供を受けた。彼らの助けは本書にとってなくてはならないものであったが、何か間違いがあれば、それはすべて私自身のものである。彼らへの感謝をこめて、真実ながら陳腐なこの決まり文句をくりかえしておく。

序論

一九世紀および二〇世紀という時代は、公式、非公式のイギリス植民地帝国をとおして、ヨーロッパ人女性に、自分たちとは異なる国籍や人種の男女とかかわるユニークな機会を提供した。彼女たちが築いたさまざまな関係は、彼女たちの生活と彼女たちが出会った現地人の生活形成において、ジェンダー、人種、ネイション、文化、そして階級といった要素の絡みあいをきわだたせた。研究者たちは、「第三世界の女性」を均質で一枚岩のカテゴリーとしてみるべきではないと警告してきたが、英領アフリカ、アジアにいたヨーロッパ人女性についても、その多様性を認識することが肝要である。(1) 女性たちの数がコミュニティを作るのに十分なところでは、ヨーロッパ人は、ジェンダーのみならず、階級や国籍の違いによってもバラバラだった。

大英帝国において、ヨーロッパ人女性は、自分たちに許された選択肢の真ん中にある空間を開拓した。選択肢の大半は帝国主義によって創りだされた

(1) Mohanty (1988), pp. 61-88; Stoler (1989), pp. 134-61.

ものであり、男性支配ゆえの限界があったからである（階級も関係しているが、それについてはあとで多少ふれよう）。当時支配的だったイデオロギーによれば、ヨーロッパ人女性は、優性人種のなかの劣った性《セックス》であった。と同時に、彼女たちは、イギリスの領土拡大の歴史的なプロセスに参画した者として、現地人にたいする経済的・政治的な征服から恩恵を得ており、それにともなう人種偏見、家父長主義《パターナリズム》、自民族中心主義、ショーヴィニズム[*1]といった姿勢の多くを共有していた。おおかたの女性にとって、帝国はヨーロッパではみつからないチャンスを与えてくれる場所だった。出身階級のせいで結婚できる男性が「不足」していたとか、自分に見合った雇用をみつけることがむずかしかったとか、改宗すべき「異教の人びと」が相対的に少なかったなど、理由はさまざまだった。帝国主義を支える価値観を疑う者などほとんどいなかった。

ヨーロッパ人女性が大英帝国でチャンスをみつけたとしても、彼女たちは、経済や政治、そしてイデオロギーのうえで、〔男性にたいする〕女性の従属をたえず経験し、それに挑戦することもあれば、おもねることもあった。なかには、ヴィクトリア時代の典型的な女性のふるまいに異議申し立てをしているようにみえる女性もいた。植民地化以前のアフリカ大陸を旅した女性たちはその好例だろう。〔従属的な立場に〕どっぷりと浸った女性もいた。ステレオタイプにしたがうならば、イギリス支配下のインドで「本国《ホーム》」をそっくり真似ようとした悪名高きメムサーヒブがそうだ。とりわけ、植民地行政官の妻たちは、みずからの「組み込まれた《インコーポレイティッド》」身分の問題に悩まされた。すなわち、彼女自身の身分と立場は、ほぼ完全に、〔植民地の〕階層構造内部における夫の居場所から派生したものだったのである。(2) 既婚、未婚を問わず、女性宣教師は現地人女性を改宗させる仕事を担ったが、それは男性支配の伝道組織内部でおこなわれ、評価を下したのもそうした組織であった。似たような男女差別の文脈のなかで、宗教以外の使命をはたそうと植民地にやってきた女性もいた。より開明的で効率的な支配のために現地人を研究した人類学者もいれば、教師や看護婦、ないしは、現地人男女の生活状況の改善をめざした改革家もいた。彼女ら全員にとって、帝国での滞在は、短期であれ長期であれ、別の文化、当時のおおかたのヨーロッパ人の目からすれば劣った文化をもつ男女との遭遇を意味していた。

　アフリカやアジアにおけるヨーロッパ帝国主義は、一九世紀の第4四半期から第二次世界大戦にかけての時代に全盛期を迎えた。長期間にわたって築かれてきた貿易関係の頂点としてヨーロッパによる統治が訪れ、原材料や市場へのよりよいアクセス確保をめざした。イギリス東インド会社は、一八世紀、ヨーロッパのライヴァルたちをじょじょに駆逐してインド亜大陸の一部

(2) Callan and Ardener, eds. (1984) 参照。

＊1 偏狭な民族主義、排外的な愛国主義のこと。石版画や戯曲などに登場する、ナポレオン一世を崇拝した農民あがりのフランス兵士、ニコラ・ショーヴァンの名前に由来するといわれてきた。しかしながら近年の研究で、ショーヴァンは実在の人物ではなくて伝説の人であり、シャンソンに歌われながら、しだいに「フランス人の記憶」となっていったことがあきらかにされた。詳しくは、ジェラール・ド＝ピュイメージュ（上垣豊訳）「兵士ショーヴァン」『記憶の場――フランス国民意識の文化＝社会史』（ピエール・ノラ編・谷川稔監訳）第三巻、岩波書店、二〇〇三年、一三七～七五頁を参照。

を支配したが、一八五七年のセポイの反乱によって、その行政能力が、満足のいくものでも効率的なものでもないことを露呈してしまった。その後、イギリス人はインド亜大陸の三分の二を支配し、残りを大幅な自治権をもつ藩王国[*2]にゆだねた。この状態が、インドとパキスタンにそれぞれ独立が許される一九四七年までつづいた。一八世紀末、イギリス東インド会社出身の貿易商人がマレー半島に到達し、それまでこの地を支配していたポルトガル人とオランダ人の貿易にとって代わった。一八七〇年代、イギリス政府は現地の内戦に干渉し、その結果、マラヤ州連邦[*3]を成立させてイギリスの統治下に置いたが、そこには、インド同様、あちこちに現地スルタンの支配地域が点在していた。こうした状況下で、ヨーロッパ人が経営する大農園から生ゴムが供給されたのである。太平洋諸島も似たようなパターンをたどっており、たとえば一八九三年、イギリスはソロモン諸島を保護領として宣言した。

ヨーロッパとアフリカの関係も、同じように貿易からはじまり、公式の植民地支配で終わった。一九世紀のうちに、アフリカの貿易上の貢献は、奴隷からさまざまな物品に移った。パームオイルやゴム、金、ダイヤモンド、のちにはピーナッツや木綿、サイザル麻、そしてヨーロッパの産業革命に必要な燃料といった原材料がそうである。紙の上でアフリカ分割がおこなわれたのは一八八五年だが[*4]、それ以降、イギリス、フランス、ドイツ、ポルトガル、ベルギーといったライヴァルたちが、軍事的な征服によって、あるいはアフリカの政治的代表者と協力して、植民地行政を確立していった。

帝国主義にとって、植民地の領土を征服した実際の軍隊と同じくらい重要だったのは、植民地国家に役だつ行政装置であり、ヨーロッパ優位の信念を補強するイデオロギー構造であった。女性が活躍したのは、暴力性が希薄な後者において、すなわち、植民地行政官の妻として、あるいは、現地固有の抑圧と植民地であることから派生する抑圧とにさらされた最悪の表象(すなわち現地人女性)を改善する者としてであった。女性に協力者という役割を割りふった家父長制的なイデオロギーは、帝国権力を「母国《マザー・カントリー》」と同一視し、訓練されていない未熟な幼な子という役割を植民地に与えるという、血縁を示す言葉を使いながら、帝国主義による搾取の現実をも覆い隠したのであった。

＊2　一八五七年の大反乱(いわゆるセポイの反乱)までに滅亡を免れた旧来の支配者は、イギリス統治に協力する藩王として、それまでの所領を保障された。いわば保護国のようなもので、外交権や軍事権はない。規模も千差万別で、その数は五六〇ほどを数えた。

＊3　現在の半島部マレーシア(西マレーシア)にたいする歴史的呼称。一八九五年、イギリスが順次保護国としてきた九つのスルタンの小国を「海峡植民地」として合併し、一八九六年七月一日に成立させた。ペラク、スランゴール、ヌグリ＝スンビラン、パハンの四州からなり、クアラ・ルンプールを首都とする。

＊4　ベルリン会議のこと。第Ⅳ章の＊9も参照。

I　セクシュアリティと社会
——帝国を破壊する女性という神話

われら治安判事の妻

Capt. Geo. F. Atkinson, *Curry and Rice* (*on forty plates*), *or The Ingredients of Social Life at "Our" Station in India*, 2d ed. より (Northwestern University Library 所蔵).

「われわれは女性のせいで帝国を失った、というのは有名な格言である。それは真実だ」。一九八五年、サー・デイヴィッド・リーン[*1]は、学術的著作にみられるある感傷をくりかえしながらそう述べた。[(1)] とはいえ、一九、二〇世紀の帝国史は、ヨーロッパ人女性の存在を実質的に無視している。ともかくも女性に言及することがあれば、彼女たちが登場したせいでヨーロッパ人行政官と彼が支配する人びととの関係が悪くなったとみなされた。ある高名なインド史の専門家が描く植民地のヨーロッパ人女性像には、女嫌いがはっきりとうかがえる。

〔ヨーロッパ人〕女性がおおぜい海外に出ていくにつれ、彼女たちは島国的な気まぐれや偏見もいっしょにたずさえていった。インド人といかに公式に接触しようと、孤独にさいなまれようとも、彼女たちはそれを

(1) "Sayings of the Week," *The Observer*, February 24, 1985; Call-away (1987), p. 3に引用がある。

＊1 (一九〇八〜九一年) 映画界の巨匠として知られるイギリス人監督。『旅情』(一九五五年)、『戦場にかける橋』(一九五七年)、『アラビアのロレンス』(一九六二年) などの作品がある。

けっして捨てようとしなかった。たいていの場合、〔女性たちは〕島国根性が強すぎて、異文化や異国での生活それ自体に関心がもてなかった。[2]

この見方では、男たちを公的な職務からひき離したのは妻ということになる。家族が男たちの時間を要求したのだ。か弱いとされた白人女性の存在が、現地人男性が〔彼女たちに〕抱くであろう性的欲望を恐れる理由を与える一方、妻がやってきたことをきっかけに、夫である植民地行政官が植民地の社会や文化について多くを学んだ現地妻の数は減っていった。[3] 最終的に、イギリス人の妻の数は膨れあがり、現地人と社会的距離をおく排他的な集団を形成し、内部に独自の階層序列《ヒエラルキー》を抱えるようになった。イギリス人の妻たちは、女主人役《ホステス》として、現地人社会との境界線、ならびに自分たち内部のヒエラルキーを維持する数々の儀礼をとりしきったのである。[4]

英領インドを扱った文献では、ヨーロッパ人女性が帝国ではたした役割をこのようにとらえることが支配的である。同じことは、アフリカの英・仏植民地、英領マラヤ、パプア、フィジー、ソロモン諸島についてもいえるだろう。[5] 〔帝国を破壊する女性という〕その神話は、新しく征服した土地にヨーロッパ人男女を住まわせてヨーロッパの制度と社会を維持してきたという長年

（2） Spear (1963), p. 140. Nadis (1957), p. 430; Allen, ed. (1976) も参照。スピアは、一九世紀にインド人とイギリス人の「社会的疎遠」が深化したのは、別の原因、すなわち公式の政策、ヒンドゥー教とイスラム教を誹謗する福音主義宣教師の影響、そして主として、一七六〇年以後、ヨーロッパ人コミュニティ全体の規模が急速に増大したせいだとしている。Spear (1963), pp. 140–42.

（3） Ballhatchet (1980), p. 153. 現地文化について学ぶこの方法には、ときにいくつかの欠点があった。マラヤ州連邦、とりわけ農園地域では、男性が地元の女性を現地妻とし、この関係から男性は地元の言葉を学んだのだが、それが女性言葉だったことで、情報源がばれてしまったのである。Allen (1983), pp. 78–79を参照。

（4） Ballhatchet (1980), p. 5; Greenberger (1978), p. 42.

（5） クローディア・ナップマンは、この神話を解剖した最高、かつもっ

の習慣を無視している。ヨーロッパ人の入植を目的としたところ（たとえば新世界や南アフリカ）よりも、〔現地人にたいする〕支配をめざしたところ（インドや東南アジア、太平洋諸島、そしてアフリカの大部分）で、ヨーロッパ人女性にたいする評価は低かった。

近年の歴史家たちは、ヨーロッパ人女性の帝国への登場を、白人と非白人との亀裂を深めたとして非難するのではなく、植民地社会における別の展開と重ねて考えようとしている。たとえば、現地の土地と労働力（もしくは土地か労働力）にたいする専有の強化。人種偏見の高まり。ヨーロッパ中心主義をともなうキリスト教福音主義の広がりと、結婚していない男女や一夫一婦でない関係にたいする非難の拡大。植民地行政にあたる職員不足。男女双方の人口増加。さらにクローディア・ナップマンはこう解説する。

> イギリス植民地主義の破綻をジェンダーによって説明しようとすると、支配する者とされる者とのあいだにある現実の権力関係があいまいにされてしまう。そのような説明では、特定の行動がひきおこした予測不可能な結果や現実の責任と当人たちがどうかかわったのかが、問えなくなってしまう。それでは、帝国的な考え方自体は手つかずのまま放置され、その考えに影響を与えた人たちは神聖にして不可侵のままだ。こう

とも体系的な仕事をおこない、この神話には分析上不備があり、支持できない証拠があるという。**Knapman** (1986), pp. 7–15は、この論点についての優れた要約と議論である。**Greenberger** (1978); **Cohen** (1971), p. 122; **Inglis** (1975), p. 15; **Boutilier** (1984), pp. 196–98も参照。フランスの植民地小説には、行政官の妻と夫の仕事との葛藤が暗示されている。**Cairns** (1969), p. 186を参照されたい。R・D・ピアースはステレオタイプを要約している。**Pearce** (1983), p. 267. ヘンカ・ククリックは、ガーナについてこの神話をとりあげ、話を割り引いて考えている。**Kuklick** (1979), p. 129. アン・ストーラーはスマトラについて論じている。**Stoler** (1989), p. 148を参照。

した議論はもともと男性的なものだから、そのような議論では、いまとなっては評判も悪ければ失敗だと評価されていることにたいして、究極的な責任を負うべき男たちが許されてしまうことになる。(6)

それでも、帝国を破壊する女性という神話はいたるところで聞かれる。それゆえに、この神話のしくみを調べ、それが植民地のヨーロッパ人社会の力学について何を明らかにしているかを考えることは有益なことだろう。そのために、われわれが探らねばならないのはつぎのことである。異人種間の性的関係にたいしてヨーロッパ人はどのような態度をとったのか。ジェンダーの役割という点からすると、植民地の妻のステレオタイプとはどのようなものであったのか。さらに次章では、主婦として女性たちが実際にどんな経験をしたかについて考えることにしよう。

ヨーロッパの植民者たちのなかでわれわれがもっともよく知っているのは、イギリス人が自分たちの植民地でセクシュアリティにたいしてどのような態度をとったかである。もっとも、ほかの植民地列強国は、イギリスほど異人種間の性的関係を気にしていなかったという証拠もある。(7) 一八世紀末まで、インド在住のイギリス人のあいだでは、異人種間の結婚も、ユーラシア

(6) Knapman (1986), p. 175. また、以下も参照のこと。Curtin (1985), pp. 594–613; MacMillan (1988), pp. 10-11, 64-65; Boutilier (1984); Ballhatchet (1980); Kuklick (1979); Cohen (1971), p. 122.

(7) R・モレー－ヒューズは、一九一二年、現地妻の慣習はベルギー、ポルトガル領ではもっと公然とおこなわれていると述べた。Murray-Hughes (1962), p. 106, Hansen (1989), p. 89より引用。Hyam (1986a), pp. 62-63も参照。

[*2]ン・コミュニティの存在も、その後の時代に比べればずっと容認されていた。インド人の愛人をもつことが非難されるようになったのは、宣教師が自由にインドに入れるようになった一八一三年以降のことである。公式見解はひどくあいまいであった。行政官たちは、男らしさを保ち、同性愛を防ぐという理由で、イギリスの軍人や行政官と現地人女性との性的交渉を正当化していた。男らしいこと、そして同性愛者でないことは、支配を構成する本質的な要素であり、イギリスのインド統治《ラージ》そのものの権力の反映であった。しかしながら、一八世紀から一九世紀にかけて、植民地支配が進展し、人種偏見が深まるにつれて、現地人社会との距離感を強める必要性のほうが性的関係への関心を上回るようになった。〔役人個々人の非公式見解を含む〕政府の公式見解によれば、性的行動の抑制は、一般に社会の秩序と無秩序とに関連していた。だからこそ、イギリスの役人たち、とりわけ模範となる行動を示さねばならない官僚たちは、現地人女性との性的な接触を避けなければならなくなった。一八六〇年代までに、正式な結婚であろうがなかろうが、インド人の妻をもつことは認められなくなった。[(8)]

一八六〇年代、インド政庁の管轄下にあったビルマには、イギリス人の女性も宣教師もほとんど住んでいなかった。それゆえに、ヨーロッパ人の数が多く、より緻密な植民地行政機構をもっていたインドより、ビルマでは、異

(8) Ballhatchet (1980), pp. 96-97, 144, 164-66; MacMillan (1988), p. 157. 文献では一般的に、ヨーロッパ人同士にしろ、異人種間にせよ、同性愛の関係は選択肢になかったと考えられている。しかしながら、男性の同性愛を議論する数少ない資料のなかから、L・H・ガンとピーター・デュイニャンは、同性愛は、植民地アフリカの奥地にいたイギリス人役人のあいだでは「広まって」おらず、イギリス人役人とアフリカ社会の双方から認められていなかったと述べている。Gann and Duignan (1978), p. 232. ボールハチェットは、インドのイギリス人軍人のあいだで同性愛が表だって恐れられていたことは特筆しているが、その発生頻度を示してはいない。Ballhatchet (1980), pp. 10, 162. Hyam (1986a), p. 63も参照。

＊2 ヨーロッパ人とアジア人の混血。

人種間の結婚や性的関係が多かった。それでも、一八九〇年代までに、インド政庁は、ビルマ人女性と結婚すれば異動させるぞと役人たちを脅し、ついには、現地人女性を妻にすれば役人としての出世のダメージとなることをはっきりさせた(9)。

植民地化初期のアフリカでは、現地妻の存在に驚く者など誰ひとりいなかった。あるロンドンの役人はつぎのように述べている。「現地の女性との同棲は、西・東アフリカをつうじてきわめてありふれたことだったし、いまでもそうだ。実際、独身の白人役人でこの習慣に染まらないでいられる者など、ごくわずかしかいないと聞いている(10)」。役人の妻が夫の赴任地にやってきたときにおこる変化がいかに危険だったかは、一九一〇年ごろの西アフリカで広まっていたつぎの話が物語る。

> あるDC［郡長官］が、夜遅く、事務所《ボーマ》［に］新妻と［ともに到着し］、すぐに眠りについた。翌朝四時ごろ、この長官の料理人が大胆にもその部屋に入り、疲れきった二人が眠っている蚊帳をもち上げ、女性のお尻をピシャリとたたいてこういった。「おい、娘っこ、さっさと出ていきな。村へ戻る時間だ(11)」。

(9) Ballhatchet (1980), pp. 146–54.

(10) 引用は、Gann and Duignan (1978), pp. 240–41. 三人のアフリカ人女性と結婚し、一夫多妻の所帯を営んでいたチルプラ・スティヴンスンは、一八九〇年代、ニヤサランドの若者の多くにアフリカ人の愛人がいたと主張した。Wright (1986), p. 20を参照。

(11) Gann and Duignan (1978), pp. 241–42.

(12) 通達は二つあり、ひとつは新人の役人に、もうひとつは既存の役人にたいするもので、国王の直轄領と保護領にのみ出された。ハイアムは、こうした現地妻批判を、国内浄化運動の頂点であり、海外への拡大であると考え、その否定的影響を支持してつぎのように論じている。「けっきょく、現地妻の習慣が（目にあまる弊害をチェックするだけで）広がるままに放っておかれたならば、大英帝国は、より友好的で、さほど反発できないできごととして

一九〇九年までに、現地妻の問題は最終局面を迎えることになった。いたるところに現地妻がおり、しかもその理由を認識していたからだろう、イギリス植民地省はなかなか〔この問題に〕反応しなかった。重い腰を上げざるをえなくなったのは、ケニアでおこったできごとのせいだった。ある地区の役人と若いアフリカ人女性との醜態が、その地域で暮らす唯一のヨーロッパ人女性とその夫[*3]の関心をひいたのである。〔この一件で〕その郡長官は、昇格の優先順位を一年だけ失い、担当地域の責任者の職を二年間停止されたにとどまった。この処分を不服として、夫妻は植民地相に訴えた。その結果、一九〇九年、帝国のさまざまな地域で現地人女性との性的関係を禁じる通達《サーキュラー》が発布されたのである。(12) この通達によって、インドでは、英領化されて日の浅いアフリカでおこったような不都合な事態はおこらなかった。一八四五年までに「イギリス人女性がいても当然とみなされていた」インドにたいして、アクラ（現在のガーナ）に第一次世界大戦前夜にいたヨーロッパ人女性はたったの四人だった。(13) マラヤ連合州で第一次世界大戦後に現地妻の習慣がすたれたのは、例の通達のせいのみならず、ヨーロッパ人女性の増加が関係していた。一九一一年、男性一〇〇人にたいして四〇人であったヨーロッパ人女性の比率は、一九二一年までに五〇人になった。(14) とはいえ、ヨーロッパ人女性の登場によって、自動的に現地妻との関係が消滅したわけではな

受けとめられたかもしれない。社会浄化を求める国内の圧力と人種的な威信に必要だと思われる要件に応えて、クルー〔植民地相〕の通達は帝国を再道徳化したが、そのやりかたが、長い目でみれば、帝国を致命的に傷つけてしまったのかもしれない」。Hyam (1986b), pp. 170-86. ハイアムの見解への批判については、Berger, M. T. (1988), pp. 83-89. これにたいするハイアムの回答も、同雑誌同号に掲載されている。Hyam (1988), pp. 90-98. さらに、Kuklick (1979), p. 122; Gann and Duignan (1978), p. 241; Butcher (1979), pp. 207-09も参照。

(13) Nadis (1957), pp. 430-31; Kuklick (1979), p. 124.

(14) Butcher (1979), pp. 207-08.

*3 オクスフォード大学出身の自称人類学者、W・スコービィ・ラウトリッジのこと。彼がこの一件を『タイムズ』に投書（一九〇八年一二月三日掲載）したことで、ケニア

かった。一九四〇年代末、マラウィ[*4]の地方官の妻が離婚したのは、夫がアフリカ人の「妻たち」(15)をずっと家においていたからであった。

かくして、ヨーロッパ人男性と現地人女性との性的関係にたいする態度は、宣教師のようにより厳格な性のモラルを主張する人たちからの圧力、ならびに特定の植民地でヨーロッパ人コミュニティの規模が拡大したことによって変化した。〔例の通達が出された〕一九〇九年に帝国全体に示された公式の政策がどういうものであれ、いくつかの集団には、「古きよき時代」、現地妻との関係は支配する者とされる者とのあいだによりよき関係を築くのに役だった、という考えが残った。

現地人の愛人が広まっていることがしだいに公式に非難されるようになったとすれば、ときおりみられた現地人男性とヨーロッパ人女性との結婚はきわめて悲惨であることがわかった。一八九三年、パティアラ[*5]のマハラジャとミス・フロリ・ブライアンとの〔異人種間の〕結婚に、インド総督カーゾン卿[*6]は不安を募らせた。二人の結婚が、帝国のイデオロギーが支える〔ヨーロッパ人と現地人のあいだの〕社会的距離を越えるものであったのみならず、新郎の社会的地位の高さと新婦の出身身分の低さが、人種的、性的、そして階級的な帝国のヒエラルキーを混乱させたからである(16)。それから何十年たっても、そのような結婚はずっと冷たい目で見られた。両大戦間期、英領マラ

(15) Alexander (1983), pp. 11–13 には「ベティ」とある。

(16) Ballhatchet (1980), pp. 116–17.

(17) Butcher (1979), pp. 185–86; Knapman (1986), p. 173. 英領マラヤでは、ヨーロッパ人の女性のほうが男性より、〔マレー人男性と〕イギリス人女性の結婚に寛容だったという証拠がいくつかある。Brownfoot (1984), p. 206.

(18) Ballhatchet (1980), pp. 103–09, 119; 〔この場合に〕推定された欲望については、MacMillan (1988), pp. 104–05. 性的な恐怖が、

ヤでは、人種間の壁を越えて結婚した少数のカップル（イギリス留学中のマレー人男性とイギリス人女性との結婚）には、双方の社会からの敵意と公式の反対が浴びせかけられた。ヨーロッパ人社会は、一般的に下層階級出身のイギリス人女性を避けた。夫の家族が新参者の新婦を歓迎することなどめったになかったが、とりわけ、新婦が現地の行動規範にしたがわなかったり、親戚が新郎を別の女性と結婚させたがっていた場合、新婦への風当たりは強かった。そのようなカップルにたいしては、現地人支配者もイギリス政府も、就職面、および新郎がマラヤ帰国時に与えられる恩恵面で、ペナルティを科した[17]。

植民地のあちこちで、ヨーロッパ人の男性は、非ヨーロッパ人男性とヨーロッパ人女性との性的関係を恐れ、嫉妬した。一九世紀のイギリス人男性は、一般にヒンドゥー男性を好色とみなし、彼らにイギリス人女性が魅かれはしないか心配だった。たとえば、一八五九年のインドで、ユーラシアンの内科医、ギリス医師が告発された根底には、イギリス人内科医が彼にたいして抱いた職業上の嫉妬心と性的な妬みがあった。ギリス医師は、人種の境界を越えて親密さを示すようなふるまいをしてはいけないという禁を破り、あるイギリス人女性の出産に立ち会った際、シーツをめくり、彼女の身体に触れた罪で訴えられたのである[18]。

ヨーロッパ人女性がイルバート法案に反対した理由のひとつであったことは、本書第Ⅳ章で論じる。Sinha (1992), pp. 98-116を参照。

でのできごとはイギリス社会にもセンセーショナルに伝わった。

＊4　アフリカ中南部の内陸部にある国。英保護領時代にはニヤサランドとよばれた。一九六四年独立。

＊5　インド、パンジャブ州南東部にある地域。イギリス支配下で栄えた藩王国、ペプスの首都。

＊6　（一八五九〜一九二五年）政治家。外務官僚を歴任後、一八九八年からインド総督。一九〇五年、民族的自覚や政治意識がもっとも進んでいたベンガル地方を、イギリスの植民地統治政策上、二つの州に分割するという「ベンガル分割」をめぐり、インド側、とりわけヒンドゥー教徒からの激しい反発を受けて辞任。その後、インド国民会議は、親英的な穏健派とそれ以外の民族主義者のあいだで分裂することになる。

女性の出身階級はかならずしも問題ではなかった。世紀転換期、南アフリカでは、アフリカ人季節労働者が白人売春婦のもとにひんぱんに通うようになり、その様子を役人たちが固唾を飲んで見守っていた。その結果制定された法律は、黒人男性と白人女性との異人種間の性的関係を固く禁じた。そのような関係は、「黒の災厄」、すなわち白人女性にたいする性的暴行の波のきっかけとなる、というのが理由であった[19]。

性をめぐる集団ヒステリーが「黒の災厄」の恐怖とともに南アフリカを駆け抜けた一八九三年、一九〇六〜〇八年、一九一二〜一三年という年は、経済不況期と一致している[20]。そこには、性をめぐる潜在的な恐怖と敵意とが周期的に現れては、雇い主と使用人のあいだに潜む敵対関係をなんども暴きだした。こうした一連の「黒の災厄」は、「『女主人』からまともな扱いを受けていないと不満を感じたある人物」の悩みから、失業中のハウスボーイの一団がおこした白人女性レイプ事件で頂点を迎えた[21]。それに応えて、政府は婦女暴行調査委員会を設置したが、その結果制定された法律は、〔つぎに述べる〕パプアの場合ほど抜本的なものではなかった。

ニューギニアのパプアでは、一九二六年、〔現地人男性にたいする〕ヨーロッパ人の性的恐怖が最高潮に達し、副総督ハバート・モリーは、女性へのレイプ、ないしはレイプ未遂にたいして死刑（それ以外の処罰はありえない）

(19) Van Onselen (1982a), pp. 136–37. ナイロビでは、第一次世界大戦時、混血の子ども（ムラート）の誕生でアフリカ人との肉体関係が発覚したある白人の乳母は、気がふれたと発表された。これは、以下の資料からルイーズ・ホワイトが個人的に寄せてくれた情報による。Kenya National Archives, MD 47/195, Birth of a child by a female lunatic (Nbi) 1917–21.

(20) Van Onselen (1982b), pp. 50–54.

(21) Van Onselen (1982b), p. 60.

を明記した法律にサインした。「白人女性保護条令」として知られるこの法律は、レイプ犯を人種的に特定していたわけではないが、それでも、それは白人女性を襲った現地人男性に適用されるものと理解された。この法律は、すべての人種差別的な法律が撤廃される一九五八年まで存続する。法案通過当時のパプアでは、数人の白人女性が寝室で男の使用人に身体を触れられたり、白人の看護婦がひとり襲われたりということはあったにせよ、レイプされた白人女性はひとりもいなかった。この法律の制定は、想像上の「黒の災厄」の脅威にたいするもっとも極端な反応である。それは、孤立した狭いヨーロッパ人コミュニティに暮らす白人男性の扇動によるものであり、白人女性はこの法律の通過となんの関係もなかった。住民たちは、白人であれ、パプア人であれ、この問題の根源を特定する際に、人種差別的な説明(宣教師から教育を受けた男の使用人、すなわち思い上がった現地人)、ないしは女性差別的な解釈(白人女性自身の行動が暴行を招いた)をほどこした。しかしながら、そのいずれも、この法律の通過にたいして、あるいはその前代未聞の苛酷な内容にかんして、白人男性の関心がどこにあったのかを説明してはいない。根本的に、この法律は、「黒の災厄」の脅威にたいするおおかたの反応と同様、白人男性が植民地化した男たちにたいして抱いた、人種的な優越感と脆弱さという相矛盾する感情、ならびに性をめぐる妄想の産物であった。[22]

　要するに、帝国を破壊する女性という神話には、セクシュアリティにかんする二つの側面が含まれているのである。第一に、ヨーロッパ人女性は、ヨーロッパ人男性が現地妻に近づくのを妨害し、二つのコミュニティ間の溝を深めたという主張だ。〔しかしながら〕現地妻との関係における肉体的な接近と親密さには、不平等というコンテクストがかならずつきまとっていた。同じことは、白人の女主人と使用人である現地人男性との関係についてもいえる。植民地にやってきたヨーロッパ人女性はつぎつぎと家庭を築き、ますます多くの使用人を雇うようになった。それでも、そのことが現地社会との結びつきを発展させるのに貢献したとは考えられていない。事実、〔ヨーロッパ人と現地人のあいだの〕社会的な距離は、植民地のヨーロッパ人男女が示した優越的な態度によってつくられた。社会的距離をつくった元凶として、現地妻にたいするヨーロッパ人女性の嫌悪感をとりあげれば、植民地化する側の男性と植民地化された側の女性との愛人関係のなかにある不平等は、問題にされないままであろう。このように、構造的に不平等な関係が二つの社会の親密さを示す証拠とみなされた事実そのものが、今も昔も、ジェンダーと権力との関係が植民地主義の力学のなかでいかに理解されていないかを物語っている。現地妻という関係に内在する従属の要素を無視してしま

(22)　イングリスは、この二つの説明はともに、〔白人〕コミュニティのなかで政治的に不利な部分を非難していると指摘している。孤立化した〔白人〕コミュニティについては、Inglis (1975), pp. 21, 37を、白人女性の関与についてはpp. 115–16を、人種差別主義者、あるいは性差別主義者の説明についてはpp. 142–43を参照。イングリスは、法令の通過を簡潔に説明しているわけではないが、ほかの要因、すなわち、マレー人と白人入植者の対立、白人の階級較差が小さいこと、人種的優越意識の高揚、を示唆している。ソロモン諸島については、Boutilier (1984), p. 197を参照。インド人の実例については、MacMillan (1988), pp. 221–22, 225を参照。

えば、その関係を〔二つの社会の〕親密さと読むことも可能だろう。

二つ目の主張はこうだ。ヨーロッパ人女性の存在が現地人男性の性的欲望を煽り、彼らから女性たちを守らなければならなくなった、性をめぐるこの闘争状態がヨーロッパ人と現地人のあいだに距離を生んだ、というものである。この方程式にはそもそも矛盾があり、それがこの神話自体に横たわる性差別主義をはっきりとみせつける。かりに現地妻との関係が植民地化する者とされる者との結びつきを強くしたとするならば、ヨーロッパ人女性と現地人男性が自分たちの意志で性的関係を結ぶことにたいして、なぜ同じことがいえないのか？　それは、女性は男性に従属すべきであるという基本的な信念と、その従属的な立場を人種的優越集団出身の妻がだめにしてしまうかもしれないという脅威とが、混同されたためである。ヨーロッパ人女性にたいする現地人男性の性的暴行問題、すなわち「黒の災厄」の恐怖をめぐる構図は実にあいまいである。厳しい法律の通過を求めてパプアで大騒ぎしたのは、ヨーロッパ人女性ではなく、ヨーロッパ人男性であった。かつて植民地で暮らしたことのある妻たちの回想録には、現地人男性にたいする恐怖はほとんど記されていない[23]。その一方で、南アフリカで「黒の災厄」が騒がれた一九〇七年、トランスヴァール女性組織連合は、婦女暴行にたいする保護策として人種隔離を法制化するよう、政府に求めた[24]。現実の、あるいは想像上

(23)　Alexander (1983); Allen (1983); Allen (1979); Leith-Ross (1983); Callaway (1987), p. 236; Pearce (1983), p. 269; MacMillan (1988), p. 109を参照。

(24)　Van Onselen (1982b), p. 49; インド人の例については、MacMillan (1988), pp. 225-26を参照。

の暴行を阻止しようとする活動に女性が参加していようがいまいが、女性には男性の保護が必要であるという考え方は、当時の帝国のイデオロギーにも性差別主義者のイデオロギーにもぴったりとあてはまった。

「帝国を破壊する女性という神話」には、ヨーロッパ人が現地人との性的関係をどう考えていたかが映しだされるとともに、植民地の女性たちをめぐるひとつのステレオタイプが具体的に示されている。すなわち、帝国の企てにも現地の諸集団にも役にたたず、ただただ依存するしかない女性たちの、とるに足りない、ちっぽけで自民族中心主義的で非生産的な世界である。このステレオタイプには、つぎの二つの点から反駁できよう。ひとつは植民地社会ではジェンダーの役割が明確ではなかったこと、もうひとつはその役割分担にたいする理解を欠いていたことである。

もっともあからさまなヨーロッパ人女性像は、インドのメムサーヒブにかんする性格描写のなかにある。S・J・ダンカンの『あるメムサーヒブの無邪気な冒険』から例をあげてみよう。メムサーヒブとなったヘレン・ブラウンは、

大学を卒業し、資格をもち、洗練されてもいたのに……〔中略〕彼女の顔色は冴えなくなった——〔疲れは〕いつも、まず顔に出る。そのつぎ

は目の下のクマ。彼女は両目の下にクマをつくった……［中略］彼女の世界はインド生まれのイギリス人《アングロ・インディア》がもつ自分だけの世界。その世界以外では、彼女はまったく何も考えていないにちがいない。また、彼女はますますインドに退屈しており、そのことがなにより悲しいことだ……［中略］彼女は、現地《アーリア人》の住人に激しいいらだちを感じるようになり、彼らのすることなすこと、すべてとんでもないと信じこんでいる……［中略］彼女はメムサーヒブそのものだ。(25)

このメムサーヒブのステレオタイプには、なにがしかの真実がある。ステレオタイプといわれるものはいつもそういうものだ。そこには、社会の決まりごとや儀礼をとりしきる彼女たちの生活が映しだされているのである。とはいえ、こうしたステレオタイプが、女性たちの経験を正当に評価しているわけではない。また、すべての白人女性が暇をもてあましていたわけでもなかった。使用人といっしょに働いたり、世帯を切り盛りしたりすることは、とりわけ植民地時代の初期には骨の折れる仕事だったろう。かつて植民地とかかわったことのある人たちのなかには、もっと特権的な立場にあった白人女性でさえ、メムサーヒブのステレオタイプに異議申し立てをするような例を思い出す人もいるだろう。フィリップ・メイソンが回顧する、ある女

(25) Duncan (1893); Edwards (1969), p. 161に引用。

性の一日はこうである。午前中、馬に乗って馬小屋や庭、調理場を点検して回る。母子健康診療所を運営する。プルダ*7（男性からの隔離）の状態にあるインド人女性のためのパーティでその日を終え、夜は巡回視察役人と歓談する。ほかに、絵を描く女性もいれば、兵士の妻たちのために診療所を切り盛りする女性もいた(26)。一九世紀末、疲れ知らずの有名なイギリス女性、フローラ・アニー・スティール*8は、〔植民地の妻たちの〕必読書『インドの家政婦・料理人大鑑』の執筆者のひとりである。二〇歳でインド高等文官*9に嫁いだ彼女は、夫の赴任地が比較的周囲から孤立した地域だったことをうまく利用して、その土地の言葉や方言をいくつか覚え、視察する夫に同行した。フローラは、その間に集めた料理の秘訣をまとめて先の本を執筆し、市庁舎を設計してみずからそこに住み、高利貸しが小さな土地の持ち主に圧力をかけるさまを綴り、パンジャブ地方でなかば正式な学校視察官を務めてインド女性の教育に尽くしたのである。インドで暮らすイギリス人としての役割を守りつつも、彼女自身は、インドの生活から距離をおきつづけるメムサーヒブたちを心よく思っていなかった(27)。植民地の妻たちの回顧録からも、母子診療所を開いたり、女性たちの集まりを発足させたりした白人女性がたくさんいたことが知れる(28)。

　こうした例外をあげてメムサーヒブを擁護することは、〔先述のステレオ

(26)　Knapman (1986), chap. 3; Allen, ed. (1976), pp. 16–17.

(27)　Paxton (1990), pp. 333–46; Powell, V. (1981).

(28)　Alexander (1983); Leith-Ross (1983); もろもろの実例については、のちの第IV章を参照。

(29)　Barr (1976), pp. 145–47; Allen, ed. (1976), chap. 7; MacMillan (1988), pp. 47–48.

(30)　Alexander (1983), pp. 27–28; 一九四八年のヨーロッパ人人口が〇・〇六パーセントだったウガンダについては、Gartrell (1984), p. 167を参照。

*7　パルダともいう。男性から女性を隔離する制度。インドでは、イスラム教の影響でヒンドゥー教徒のあいだにも広まり、慣習化していった。ヴェールで顔を覆うのもそのひとつ。成人女性は家の垣根内部で生活することが要求され、外出時にはブルカというヴェールで全身をすっ

タイプを疑うわれわれとしては〕心励まされることではあるが、分析としてはあまり説得的ではない。それより、高度に階層分化した植民地社会のなかでジェンダーの役割分担はどうなっていたのかという観点からステレオタイプを検証するほうが、ずっと説得的である。〔その意味では〕アフリカの植民地に比べてイギリス人の数が多く、植民地行政機構もずっと緻密であるインド（英領インドにいたヨーロッパ人男性の約半数が植民地政府に雇われていた）のほうが、社会のヒエラルキーをよく見通せる。一九世紀半ば以降、インドのヨーロッパ人社会においては、インド高等文官を頂点に、軍の将校、文官役人、企業家、宣教師（彼らは一般にほかのヨーロッパ人と自分たちとを区別していた）、警察長官、鉄道技師、紅茶やインディゴ〔染料〕、ジュート〔麻〕農園の経営者とつづき、その下に事務員と店主が位置づけられていた[29]。これほど緻密ではないが、〔白人〕入植者のいないアフリカでも、似たようなヒエラルキーがつくられた。一般に、役人がそれ以外のヨーロッパ人よりも高い地位におかれ、植民地行政、伝道、商業にたずさわる者たちが、互いに疑心暗鬼の状態にあった[30]。

手のこんだ社交儀礼が、ヨーロッパ人と現地人とのあいだにある距離を保ち、ヨーロッパ人コミュニティ内部のヒエラルキーを強化していた。二つの社会の境界を守る役割は、イギリス本国同様、しばしば女性たちに回ってき

ぽりと覆い、男性近親者のエスコートが求められた。もともと女性を男性の欲望から守るためとされたが、現在では、女性の社会進出を妨げているとの見方もある。

＊8　（一八四七～一九二九年）一八六七年にインド高等文官ヘンリ・ウィリアム・スティールと結婚し、翌年インドに渡る。イスラム勢力が強いインド北部カシュール地方を中心に、夫が引退する一八八九年まで、現地人女性の生活改善、少女教育などに尽力。帰国後は小説の執筆に専念し、インド大反乱の悲劇を描いた『海上にて』（一八九六年）で一躍脚光を浴びた。

＊9　一八五三年、東インド会社の特許状改正によって、縁故採用から公開試験（当初ロンドンだけだったが、一九二二年からはインドでもおこなわれるようになった）に切り替わったことで発足したインドの官僚制度。オクスフォード、ケンブリッジ両大学の出身者が合格者の大半を占めた。

た。社交界の植民地版《ヴァージョン》には、一八三〇年代から第一次世界大戦にいたる時期にイギリスでみられたさまざまな習慣が、より厳密なかたちで映しださされた。工業化と都市化は一九世紀のイギリス社会に経済的・社会的流動性をもたらし、血縁関係はもはやエリートの仲間入りをする唯一の道ではなくなった。このことが、社会的風景のなかに人びとを位置づける精巧なしくみを発達させることになった。急速に変わりつつある社会では、社交上の厳格な礼儀作法こそが、ある社会集団を維持し、その構成員を確認する手段であった。かつてエリートとそれ以外の人びととの差異を保証してきたものが社会の激しい流動で消えたとき、両者の差異をとりしきる手段を提供したのが、社交界と結びついたさまざまなルールだったのである。[31]

社交儀礼や社交界のはたした役割をめぐるこうした理解を植民地に移せば、似たような状況が、植民地の特殊事情のせいでいっそう強められていることがわかるだろう。植民地でつけ加わる事情のなかでもっとも目につくのは、ヨーロッパ人が従属的な人種集団をひとつ、ないしは複数支配し、自分たちをヒエラルキーの頂点に位置づけたことである。ヨーロッパ人は、孤立感から、自分はヨーロッパ人であるとの認識を維持するために、ときとして滑稽なまでに外面的な形式にしがみついた。さらには、植民地社会のヒエラルキーは政府や軍隊の序列に由来していたために、イギリスの社交界にみら

(31) Davidoff (1973), *passim*.

れた流動性に欠けていた。それでも、人事異動によって個々人はひんぱんに入れ替わり、異動先のどんな社会環境にも溶け込まなければならなかった。植民地に渡ったイギリス人が社交界の考え方をもちこんだのはそのためであり、各地の実情によって、こうした社交儀礼にますます磨きがかけられた。どうでもいい社交上の慣習にとらわれる軽薄な女たち、という〔植民地のヨーロッパ人女性にたいする〕女性蔑視のイメージは、少なくともその一部は、社交界にたいする現在のわれわれの軽蔑感からくるものであり、そういう儀礼が植民地のコンテクストのなかでどのような役割をはたしてきたか、現在のわれわれが理解できないことからきている。英領植民地でみられた社交儀礼にかんする調査は、こうした行為があきらかにばかげているがゆえにおもしろいと同時に、植民者たちが、現地人とのあいだにさまざまな境界線を維持しつつ、植民者集団内部の序列化にいかに熱心であったかを暴露してくれる。

全体として、イギリスの儀礼は、帝国支配のイデオロギーをより精巧なものにするのに役だった。そこには威風堂々としたスタイルがかならずともなっており、政治支配を助けていた。華やかな行列や式典が植民地支配者の権力を浮き彫りにした。世紀転換期、インド総督のカーゾン卿は、ルガード卿[*10]がナイジェリアでしたのと同じく、帝国をみせびらかすための総監督を務め

*10 (一八五八〜一九四五年) イギリスの植民地行政官。東・西アフリカを経験し、一九〇〇年には北ナイジェリア高等文官、一二年には南・北ナイジェリア保護領総督、一四年には南北ナイジェリアを統一し、その総督となった。一九一八年一二月に植民地省辞職。『英領熱帯アフリカにおける二重委任』(一九二二年) で間接統治の理論を示した。

たという評判をとった。こうした壮麗な儀礼にたいして、現地人たち、とりわけ、帝国であった伝統や過去に支配経験をもつ人びとは熱狂的に応えた。モンバサ[*11]のスワヒリ[*12]女性たちは、一九五六年のマーガレット王女[*13]の訪問を、いかにも楽しげに語ってくれた。独立が承認される直前のナイジェリアをイギリス王室が訪れたとき、アフリカ人の役人たちは、真昼の炎天下、完璧なフォーマル・ウェアを着るよう、随行員らにとくに求めた。こうしたみせびらかし《ディスプレイ》がはたす役割を理解したうえで、訪れた側もそれにしたがったのであった。(32)

　植民者たちは、もっと個人的な行為においても、自分たちと現地人とを区別していた。ヨーロッパの服装を厳しく守ること——インドの猛暑にもかかわらず、コルセットやストッキングを身につける——が、それ以前の時代にもまして、イギリスのインド支配《ラージ》の絶頂を特徴づけたのも驚くにあたらない。ディナー用の正装は、「文明化した」行為のしるしであり、自分の「文明化した」身分を思い出させてくれる。それを守ろうと、ますます装いに凝る人もいた。一九〇七年、夫とともにナイジェリアに渡ったシルヴィア・リース‐ロス[*14]は、翌年夫を亡くしたのち、ナイジェリアに戻って活動を再開し、そこで残りの人生を送った。彼女は、一九一三年、旅行中に知り合った新任の植民地行政官と、スティール製のカヌーを連ねてベニエ川をさかのぼ

(32)　Allen, ed. (1976), *passim*; Ranger (1983), p. 215; Strobel (1979), pp. 184–85; Callaway (1987), p. 59; Alexander (1983), p. 102.

る旅をした。彼女はそのときの模様をこう記している。

難問がもちあがった。……私たちはいつもディナー用に正装してきた。国内であろうと海外にいようと、それは破ってはならない約束事であった。……しかし、残念なことに、私たちの二隻のスティール製カヌーにはスペースがほとんどなかった。妥協が必要だった。毎晩、私たちは砂州のへりにカヌーをつなぎ、ランプのあかりを三脚の上からかざして食事をとった。公式の場にふさわしくない言葉は使わないようにしたものだ。ある晩、アルマー〔同行した行政官〕は奥地で着るシャツを、私はカーキ色のシャツを、それぞれ着替え、つぎの晩には、私が白いブラウスを、アルマーはカーキ色の半ズボンを、それぞれ着替えた。私たち二人のあいだで、私たちは私たちの規範にしたがい、私たち自身と私たちの国の権威を守ったのである。

あとから考えると、彼女は、正装がどんな機能をはたすかを理解しつつも、それを楽しんでいたことに気づいた。

何をするか予測もつかない、おおぜいの見知らぬ人たちのなかで、たっ

＊11　ケニア南西部、インド洋沿岸の港町。アラブ系イスラムの住人が多いが、インドからの移民も少なくない。二〇世紀初頭、イギリス東アフリカ保護領の行政的な中心地。
＊12　東アフリカ海岸部の先住民とアラブ系の混血。
＊13　（一九三〇〜二〇〇二年）現イギリス女王エリザベス二世の実妹。
＊14　（一八八三〜一九八〇年）ルガード卿の後任として北ナイジェリア高等文官となった夫に同伴してナイジェリアに渡る。夫の死後も行政官の妻という身分のままナイジェリアにとどまり、フラニ語の文法辞典編纂に尽力。一九二六年、初代ナイジェリア教育局長に指名される。イボの女性にかんするフィールド調査である『アフリカの女たち：ナイジェリア、イボの研究』（一九三九年）や『アフリカの家族群像』（一九四三年）、ならびにナイジェリアの陶磁器関係の著作がある。

たひとり、見なれぬ風景や音に呆然としたり、馴れない生活様式や考え方に頭が混乱したりしたとき、思い出さねばなりません。自分は誰か。どこから来たのか。基準とするものはなんなのか。目に見える規律が道徳的な規律を代弁し、その助けともなるのです(33)。

英領マラヤでは、ディナーのための正装は一九三〇年代になってもつづいた。マラヤ在住のヨーロッパ人は、それを自尊心を保つための規律と結びつけていた(34)。

ヨーロッパ人には、植民地化された人びとのまっただ中で対面を保つという明確な必要性があったものの、彼らがいつも容易に自分たちの権威を保てたわけではなかった。聞くところによれば、イギリス人女性は、猛暑の季節、インド高原部の駐屯地に滞在中、不倫にふけったという(35)。とくに両世界大戦間期、ケニアに入植した白人男女は、退廃的で、ベッドを渡り歩きながら、一夫一婦制をつづけているという悪評を食らった(36)。

それでも、国外のコンテクストでおこなわれて〔ヨーロッパ人としての〕文化的な同一性意識を保つのに役だった儀礼があれば、〔植民地のヨーロッパ人コミュニティ〕内部のヒエラルキーを確認し、パブリック・スクール*15や軍事訓練で役人たちが身につけた厳しい規律を補強した儀礼もあった。ある

(33) MacMillan (1988), pp. 81–83; Leith-Ross (1983), p. 69.

(34) Allen (1983), p. 165.

(35) Allen, ed. (1976), p. 177; MacMillan (1988), pp. 123–24.

(36) Fox (1984) は、こうした行為からおきた未解決の殺人についての社会史であり、ルポルタージュである。また、Allen (1979), p. 119; Thurman (1982), p. 118; Simpson (1985), pp. 115, 121も参照。

ナイジェリアの植民地行政官の妻は、一九四〇年になっても、公式のディナー・パーティではトイレにいくことがこんなにも儀礼化されていたのだと、つぎのように語っている。

とうとう女主人から合図があり、女性たちは一団となって二階に上がっていきました。私たちは、役人名簿にしたがって、駐在官の奥様の落ち着いたリードで、夫の役職順位を厳密に守りながら、階段を上がりました。事をすませますと、また同じ順番で階段を下り、食卓における私たちの場所がきちんと示されたのです(37)。

こうした儀礼により、各個人は、公務上のヒエラルキーにおける夫の地位に応じて、社会構造のなかに位置づけられた。それゆえに、それはイギリス人コミュニティの縮図となっていた。

つまらないことのようにみえる「訪問儀礼《コーリング》」という営みも、これに照らして考えることができる。ヴィクトリア時代のイギリスにおいて、訪問儀礼は、関係を築く可能性を開拓する機会を提供したのであり、新参者が確たる地位にある人たちの社交的な集まりに受け入れられたことを意味していた。名刺を置くことで、私はあなたとのあいだに関係を築きたいのですが、と伝

(37) Joan Sharwood Smith MS, p. 37, 引用はCallaway (1987), p. 70より。

*15 ラグビー、ウィンチェスタ、ウェストミンスタ各校など、イギリスの名門私立中等教育機関。一九世紀には、ここからオクスフォード、ケンブリッジ両大学への進学がエリートコースとして確立し、多くの植民地行政官が輩出された。

えたことになる。名刺を受け取った人は、〔名刺の持ち主に〕自宅への招待状を出すかどうかを決めることができ、それが、〔あなたとの〕関係を考慮してもいいという意志表示となった。名刺は身元調査を仲介した。それぞれの個人が物理的に会うのは、関係をもってもいいことが決まってからである。(38)

こうした訪問儀礼は、植民地の都市部にある行政租界ではふつうのことであり、〔この慣行が〕イギリス本国ですたれたのち、両世界大戦間期になってもつづけられた。ローラ・ボイルは、一九一七年のアクラでの訪問儀礼を、「これまでずっと忘れていたこと、それでも、ここの政府関係者の集まりではとても大切なこと」と表現した。(39) 植民地において、訪問儀礼は、おそらく、ヨーロッパ人の社交的な集まりに近づくルート開拓の役割をはたしていたのだろうが、植民地行政官が行政機構のなかでどのような位置にあるかによって、その接近ルートもおおむね決まっていた。より重要に思われるのは、訪問儀礼が植民地のヨーロッパ人社会内部のヒエラルキーを強化するように作用したことだろう。社会、政治、行政、いずれのヒエラルキーにおいても、その頂上からずっと下にある人たちまで、こぞって名刺を出せば、イギリス人が涼しい高原の駐屯地から戻ってくる寒い季節のはじまりだった。(40) この慣行では、現実に会うことはそれほど重要ではなかったので、名刺を出

(38) Davidoff (1973), pp. 41–44.

(39) MacMillan (1988), p. 156; Callaway (1987), p. 71; Boyle (1968), p. 154.

(40) Allen, ed. (1976), p. 135; MacMillan (1988), pp. 155–56.

す側は、意図的に、相手の不在が確実なときを狙った。実際、個人的に会えば、ばつの悪い思いをすることもあった。サー・レックス・ニーヴンが回想するのは、一九二七年のナイジェリアでおこったつぎのようなエピソードだが、その解釈はあいまいである。「ある日、私は、小さな私の名刺を握りしめて、駐在判事の家につづく車道をのぼっていった。彼のことはよく知らなかった。彼の妻が花壇にかがんでいたので、私はこんにちはと声をかけた。彼女は、身体をおこしたものの、こちらをふり向きもせず、こういった。『カドゥナ[*16]では、訪問儀礼の際に口などきかないものですわ』」(41)。彼女は社会規範を厳しく押しつけようとしていたのか、それとも、プライヴェートな時間をじゃまされて腹を立てたのだろうか。

ヨーロッパ人の数が少ないコミュニティが、かならずしも手のこんだ儀礼を必要としなかったというわけではなかった。役人以外の妻でさえも、〔そうした儀礼に〕「ぴったりはまる」必要があったし、うわさ話や秘密投票といった方法でヨーロッパ人の行動を社会的に管理することは、脆弱なヨーロッパ人コミュニティの安全保障ともなっていた(42)。両世界大戦間期、ケニアに入植した白人女性、アリス・シンプソンは、ある小さな町のヨーロッパ人コミュニティが自己認識を保つためにどのような努力をしていたか、つぎのように辛辣に描いている。

(41) Niven (1982), pp. 77-78. 引用は、Callaway (1987), p. 7。リース-ロスは一九〇七~〇八年の訪問儀礼と、ナイジェリアの植民地生活の「礼儀正しさと堅苦しさ」について、とくに言及している。Leith-Ross (1983), p. 48.

(42) ウガンダについては、Gartrell (1984), pp. 167-78を参照。

＊16 現在ナイジェリア連邦共和国北中部州の州都。「ワニの棲む土地」という意味。

三流のちっぽけな町、ニムバの人口はわずかで、夜になると人びとはクラブのバー周辺や女性用読書室に集まった。おおむね、見捨てられた亡命者のコミュニティであり、はっきりと六つの階級に分かれていることが自慢だった。ひとつの階級は、貧しくも勇敢なある女性が独り占めしていた。彼女は小さな八百屋の女房だった。おそらく、男たちには階級が混じりあっていただろうが、女たちは、亡命者でありながらも、痛ましいまでにミドルクラスのままであり、互いに優位を競いあっていた。そうした状態を超越していたのは開拓者タイプの女たち、すなわち、不便に耐えるすべを知り、ことあるごとにひとりぼっちの苦境をますます意識してきた女性だけであった[43]。

かくして、イギリスの植民地社会は、本国でおこなわれていた社交儀礼をいっそう精巧なものにした。植民地の社交生活がささいなものに見えたとすれば、その責任は男女同等に帰せられるべきだろう。しかし、本国同様、植民地においても、こうした社交儀礼をとりおこなう責任は、とりわけ女たちにあった。各行政部局や商業施設の運営が男性の仕事だったとすれば、女性の仕事は、家族の地位を守り、ヨーロッパ人と現地人との社会的な境界を維持することであった[44]。夫の地位にふさわしくないふるまいをする妻は、ヨー

(43) Simpson (1985), pp. 38-39.

(44) Papanek (1979), pp. 775-81.

ロッパ人コミュニティが基盤とする社会秩序を乱し、コミュニティ全体をだめにしてしまう。(45) くわえて、植民地に広まったヨーロッパの規範は、政府やほかの組織の権威ある役職から女性を閉め出していたために、大半の女性の地位は、組み込まれたもの《インコーポレイティッド》、すなわち、男性、通常は夫との関係から導きだされていた。植民地の白人女性のステレオタイプに認められる否定的な特徴は、男性の役割を中心に組織されたシステムのなかで、女性が女性の役割を演じていたことからきている。男性は自分の仕事から具体的な報酬を得ていたし、妻たちは夫の仕事から物質的な恩恵を得ていた。しかしながら、〔夫の〕経歴と妻との関係は、儀礼やヒエラルキーといったシンボルのなかでつりあいがとれていたわけではなかった。(46) イギリス支配下《ラージ》のインドで暮らしたある女性は、こう説明している。

> 女性たちは……〔夫以上に〕こうした事柄に遠慮なく口をはさむすべを心得ています。夫は、自分に正当な地位が与えられなかったとしても、肩をすくめてそれを受け入れるでしょうが、妻はひどく困惑させられるにきまっています。……当時、それはひどいことでした。それ以上におそろしい運命などなかったのですから。上出来《でき》の経歴をけなす唯一の存在、それが女性たちだったのです。(47)

(45) Kuklick (1979), p. 126.

(46) Gartrell (1984), p. 181.「組み込まれていること」について、これ以上のことは同書全体を参照。カレン・トランバーグ・ハンセンは、組み込まれた妻という概念の有効性を疑い、特定の時代と場所においては、組み込まれたという考え方が提示する以上に、妻たちはずっと自立していたことを示している。Hansen (1992), pp. 247–68を参照。

(47) 引用は、Allen, ed. (1976), p. 87.

夫に従属する女性たちの生活はつまらなくみえるが、〔夫の地位に〕組み込まれた妻という彼女たちの立場からすると、別の説明が可能である。植民地行政官の妻たちは、自分たちだけが知っている情報を外部に漏らしてはいけなかった、それゆえに、当然のことながら、会話の中身はどうでもいいことばかりだった、というのである。女性の地位は植民地社会のヒエラルキーから生まれ、そこにしっかりと組み込まれていたために、地位や身分の一線を越えて、女性たちがどの程度親しみや連帯感を示せばいいのかにかんして、ひいては、ほかの女性とどれくらいまでなら見た目をはりあえるかについても、おのずと限界があったのである。[48]

ローラ・ボイルの日記には、夫をとおして自分の地位や役割が与えられるとはどういうことなのかが生きいきと描かれている。それは、彼女の夫がゴールド・コースト（現在のガーナ）北部に赴任した一九一六年に書かれたものだが、そこには、世紀が変わって以来、ひとりも白人女性がいなかった。日記の主要部分は、夫と行った奥地旅行や、使用人の結婚、アシャンティ社会で皇太后[*17]がはたした役割をはじめ、さまざまな現地の慣習にかんする観察記録であった。彼女の観察はいつも深いわけではないが、その記述は、夫がアクラの書記官に昇格異動したあとの生活描写とは、あきらかに違っていた。アクラに移ったあとの彼女は、クリケットやゴルフ、ブリッジ、ロー

（48） Callan（1984）, "Introduction," pp. 13, 19.
（49） Boyle（1968）, pp. 156 and *passim*.
（50） Kirkwood（1984a）, p. 153.
（51） Allen, ed.（1976）, p. 96; Boyle（1968）, pp. 158, 162; Callan（1984）, p. 13. ウガンダ総督の妻（レディ・コーエン）、ナイジェリア総督の妻（レディ・ブルディヨン）、タンガニーカ総督の妻（医者のレディ・トワイニング）は、アフリカ人の福祉にかかわった有力な事例として評価される。Gartrell（1984）, p. 177; Pearce（1983）. ベルギー領コンゴの赤道州前総督夫人であったマダム・G・ヴァン・デル・ケルケン＝サロレアは、一九二六年に黒人女性保護委員会の設立に成功した。この委員会はブリュッセルから機能していた。彼女はかなり進んだ考え方の持ち主で、たとえば、農場主としてのアフリカ人女性の役割、売春の経済的基盤、アフリカ人女性への職業訓練の必要性などを認識していた。

ン・テニス、ポロ、赤十字委員会、そして音楽や文学、芸術の集まりに観察の照準を合わせている。「それ〔アクラでの活動〕は、ウェンチでの日々とまったく違っている」と、彼女はつぎのように記している。「ウェンチでは、夫と『奥地』の行政問題を分かち合うことができた」。アクラでは、夫が役所で仕事をしている間、彼女は自宅で使用人の監督にあたっていた(49)。

植民地の行政機構に典型的にみられたのは、女性と男性のヒエラルキーがパラレルの関係にあったことである(50)。〔行政機構のなかで〕最高の地位にある者の妻が、植民地社会の女性領域の基準と雰囲気を決定した。彼女の主導権は、招待客は炎天下のディナーでは白い手袋をはめる必要はないといった俗っぽい礼儀作法から、後述するもっと本質的な福祉活動にいたるまで、いかなる事柄にも発揮された(51)。

もっとも、植民地で暮らすヨーロッパ人の生活を構成していたさまざまな儀礼が、いつも彼らに情緒的な安定を約束したわけではなかった。かつて仏領西アフリカの植民地行政官を務めたある人物の推定によれば、「深刻な精神の病い」は、もっぱら人里離れた駐屯地や小さな町で発生し、男性よりも女性への影響が大きかったという(52)。仏領アフリカからひきだしたわずかな証拠の断片を大英帝国にあてはめて一般化することはできないが、ストレスや神経衰弱を患う女性の割合が高かったとしても、なんら驚くにあたらない。

Hunt (1985), pp. 13–15.

(52) ケアンズは自分で直接観察し、男性三人にたいして女性五人という比率を報告している。Cairns (1969), p. 188. カラウェイは精神衰弱を論じているが、イギリスの似たような集団と統計的に比較し、このような病いが植民地でよりおこりやすいかどうかを判断することはできないといっている。Callaway (1987), p. 222.

*17 ヨーロッパ人との仲介貿易で強大化した中部ギニアのアシャンティ連合王国は、イギリスに征服される一九世紀末まで、ほぼ現在のガーナ全域を領土として繁栄を謳歌した。王族のなかでは女性の地位が高く、アサンテヘネ（連合王国の王）を選ぶ権限も皇太后にあり、王の死や退位による王位空白期の統治権も皇太后に与えられていた。一九〇〇年の戦いでイギリス軍に逮捕されたエドウェソ（連合王国のひとつ）の皇太后ヤア・アサンテワが有名。

とくに植民地官僚制度にあって、生活は男性の役割を中心に回っていた。のちにみるように、植民地で家庭をもつことは容易ではなかったし、家庭や家族の必要性に合わせて、政府が政策転換することなどほとんどなかった。植民地での業務には利他主義《アルトルイズム》が期待された。女性は、もし自分の置かれた状況が好きでなければ、それは自分がふさわしくないからだと考える傾向があった。[53]「歯を食いしばってがんばる」この姿勢は、ある植民地行政官の妻が語ったこんな言葉のなかにみいだせよう。「結婚しようと思えば、女性はその男性と彼の仕事に嫁ぐことになるのです。女性には、男性を仕事から切り離すことなどできません。結婚しようと思う男性をつくったのは彼の仕事なのですから。このことを女性がどこまで受け入れられるか、われわれの職務、すなわち、イギリス海外官僚制度の成功も失敗も、それにかかっているのです[54]」。

要するに、植民地のヨーロッパ人女性の生活が、一見、つまらないものに見えてしまうために、男性中心の植民地支配体制のなかで彼女たちがはたした重要な役割が見えなくなっているのである。なかには、活動的で生産的な生活を送った女性もいた。しかしながら、ヨーロッパ人コミュニティを現地人諸集団と区別する活動、すなわち、人種偏見に満ちた自民族中心的な植民地主義の枠組みのなかで本質的な活動の多くが、〔夫の職務上のヒエラルキ

（53） Callaway (1987), p. 220.

（54） Alexander (1983), p. 100.

ーに」組み込まれた妻としてのヨーロッパ人女性にのしかかっていた。一九、二〇世紀のヨーロッパでは、慈善活動と身分の維持が、特権的な地位にある女性の役割を特徴づけていた。そして植民地でも、そのような活動が帝国を支える貢献をしていたのである。

II　家庭と仕事

ルサカのアフリカ診療所での赤ちゃん検診

The Northern Rhodesia Handbook (Livingston, Northern Rhodesia: Northern Rhodesia Information Department, 1950), p. 83 より（Northwestern University Library 所蔵).

ヨーロッパからもちこんだジェンダーの役割を守り、所帯を切り盛りし、家族を養う。代々、そして日々くりかえされてきた帝国の再生産が、植民地で暮らすヨーロッパ人女性の主な仕事だった。こうした活動は、物質的に夫や子どものためになるとともに、ヨーロッパ人コミュニティと現地人コミュニティ間の社会的な境界をさらに確認するのに役だった。現実問題にぶつかると、女性たちは「本国《ホーム》」からその模範をひっぱりだし、それにしがみついた。たしかに、主婦の仕事、母親の仕事には、帝国の辺境にあっては「文明」を守るという含みがずっと大きかった。ある匿名の観察者は、シンガポールで「ぜいたくな装いをしたヨーロッパ人女性」を見ながら、つぎのように述べている。「〔彼女を見た人は〕誇らしげにこう考えるだろう……彼女のような母親ご自慢の息子たちが、地球上の何百万という肌の黒い人種に、帝国がもっている数々の抑制力と興奮とを受け入れさせているのだ、と」[1]。

(1) *Guide to Singapore* (1907), Brownfoot (1984), p. 190より引用。何世代にもわたる日々の再生産については、Knapman (1986), chaps. 2 and 3を参照。

植民地の女性のなかには、主婦が植民地で家庭を築く際の諸問題にうまく対処できるように、手引き書を執筆した熱心な人もいる。フローラ・アニー・スティールとグレイス・ガーディナーの『インドの家政婦・料理人大鑑』(一八八八年)は、のちにアフリカで出された類似の手引き書によって補完され、完全なものになった。同書は、必要な情報提供のみならず、家庭と帝国とを結びつけるこんな比喩を確立している。「インドの家庭は、威厳と威信なくして平和に治めることはできません。インド帝国と同じです」。『あるナイジェリア駐在官の妻』(一九一一年)のなかで、コンスタンス・ラリモアは、厳しい環境のもとでいかに家庭を切り盛りすればいいかを詳細に論じている。一九一〇年、夫の死後、ナイジェリアに戻ったシルヴィア・リース-ロスは、義妹とともに、地元の食材を用いた『西アフリカ料理実践』(一九〇八年)を著した。イギリスの植民地役人と結婚したアメリカ人エミリ・ブラッドリは、北ローデシア、フォークランド諸島、ゴールド・コーストでの経験にもとづいて、『アフリカ用家庭読本』(一九三九年)、ならびに『親愛なるプリシラ——ある植民地文官の妻への手紙』(一九五〇年)を出版している。(2)

こうした手引き書の助けを借りても、女性たちは、植民地での家庭生活のパターンと祖国の決まりごとやしきたりとを比べて、その変化に当惑した。

(2) Gardiner (1921), 本文中の引用は MacMillan (1988), p. 142; Leith-Ross and Ruxton (1908); Bradley (1948); Bradley (1950)。

イギリスにいる姉妹の出産には親族の女性が立ち会うのがごく一般的だったが、インドで暮らすイギリス人女性は、親族ではなく、自分たち〔ヨーロッパ人〕のコミュニティにいる非血縁者に立ち会いを頼まなければならなかった。とはいえ、そうしたネットワークも社会的ヒエラルキーの束縛を受けており、宣教師の女性や実業家の妻、人里離れた地域に配属された行政官の妻たちは、このネットワークに頼ることはできなかった。立ち会いの女友だちがいないうえに、ヴィクトリア時代の決まりごとに縛られていたメムサーヒブたちは、男性の内科医ではなく、女性の助産婦を選ぶこともあった。兵士の妻たちは、男性の軍医に診てもらうようにいわれたことに不満を感じ、ときにこの規則を無視した。人種的偏見から、〔植民地では〕下層階級出身のヨーロッパ人助産婦以外、使ってはならないことになっていた。実際、植民地のイギリス社会では、ヨーロッパ人以外の医者がヨーロッパ人の出産に立ち会うことは適当でないと考えられていた。ユーラシアンのギリス医師が味わった苦境は、前章で述べたとおりである。流産は日常茶飯事であり、熱帯病のせいで幼児死亡率も高かった。たとえば、ベンガル地方のイギリス人のあいだでは、一八六〇〜六九年、幼児死亡率はイングランドの倍以上だった。たとえ健康な子どもを生んだとしても、その子は母親からひき離されて乳母に預けられた。この慣習は、イギリスでは一八七〇年代までしかみられなかったが、インドではその後もつづけられた(3)。

授乳の問題は、コミュニティのヨーロッパ人のあいだでも意見が分かれていたこと、ならびに、〔ヨーロッパ人が現地人との〕社会的な境界線を守ることにどれほど関心があったかを示す一例である。インド人の乳母にたいするメムサーヒブの抵抗にぞっとしたスティールとガーディナーは、『インドの家政婦・料理人大鑑』のなかで、この習慣のありがたさをつぎのように書いて、一歩も譲らない。

> 男たち、女たちの魂を愛すると公言してはばからない人たち〔すなわち宣教師〕でさえ、その魂が宿る身体のことを牛やロバ、やぎよりも忌まわしいと考えるとは、驚きと遺憾の念を禁じえない〔医学的には、インド人の乳母に反対する理屈はありえない〕。それゆえに、現地の女性の母乳がイギリス人の子どもの性格を汚染するのではないかという心配がいかに愚かしいかの説明としては、人種偏見しか残っていない(4)。

インド人の乳母《アーヤ》に育てられたイギリス人の子どもは、俗語を覚え、現地のやりかたや価値観を取り入れがちである。そうやって二つの社会の境界を越えれば、ヨーロッパの自民族中心主義は希薄化したかもしれない。しかしな

(3) Chaudhuri (1988), pp. 517–35; MacMillan (1988), chap. 8.

(4) Gardiner (1921), p. 176. この引用を提供してくれたヌプール・チャウドュリに感謝する。

がら、〔実際には〕そうはならず、その境界を守ろうとする〔インド〕在住イギリス人の不安を招いてしまった。イギリス人の看護婦にインド人の乳母を監視させれば、この不安にも多少の安心感が与えられたことから、イギリス人の移民に新たな雇用が生まれることになった。文化や教育、さらには健康上の理由が想定されたために、子どもたちは、七歳になると教育を受けるべく「本国」に送られ、一〇代をすごした。女性は、子どもと夫をともに愛し、その双方にたいして、ジェンダーが求めた義務をはたそうとしたものの、どちらといっしょにいるべきかというむずかしい選択を迫られた。イギリスに戻された子どもたちは、親戚、あるいは里親の家で暮らすこともしばしばだった。(5)

英領マラヤでも、白人の男女は、家庭を築く際にさまざまな問題にぶつかっている。植民地官僚制度も民間企業も、男たちの結婚にいい顔はしなかった。一九三〇年代初頭になっても、植民地役人が赴任前に結婚すれば、約束されていた地位を失った。最初の海外勤務中に結婚した場合、政府は、妻の渡航費や住宅手当、扶養手当などを支給しなかった。商社員の場合には、雇い主から結婚の承諾を得るとともに、〔家族を扶養するのに〕必要な給与水準を確保しなければならなかったが、その水準にたどりつくには一〇年ほどかかった。(6) 銀行は勤続八年以上の者にしか結婚を認めなかった。一八九〇年

(5) Chaudhuri (1988); Edwards (1969), p. 160. ナップマンは、フィジーのインド人乳母は、正しい英語が話せないと思われていた――それはとても恥ずかしいことだった――ために、イギリス人の子どもが正しい英語を学んだのは、子ども時代の比較的遅くになってからだった、としている。Knapman (1986), pp. 115–56.

(6) Allen (1983), p. 25; Butcher (1979), pp. 137–39.

代にはアジア人やユーラシアンの女性との結婚もみられたが、第一次世界大戦までには、それももはや受け入れられないものになった。英領マラヤには独身のヨーロッパ人女性がほとんどいなかったため、男性の多くは、イギリスに戻って妻となる女性を探した。一九二一年まで、マラヤには一〇〇人の男性にたいしてその半分しか女性がおらず、そのためにかなりの男性が独身のままだった。ヨーロッパ人男性は、マラヤにいるヨーロッパ人女性に比べて、いや本国イギリスの男性と比べても、晩婚だった。[7] 植民地官僚制度に教育および医療制度が発足したことで、マラヤやシンガポールにやってくる独身女性の数はふえたが、彼女たちが実際に就職する機会はほとんどなく、家庭外で働く女性はイギリス本国よりずっと少なかった。植民地で結婚した女性は、第一次世界大戦以後も、三~六人の使用人を抱える所帯を気にかけながら、イギリスにいるよりずっと暇な生活を送っていた。イギリスに戻れば、平均的なミドルクラス家庭に使用人がひとりでもいれば幸運だった時代の話である。[8] それでも、女性たちが書き残しているのは、気候に適応するむずかしさや熱帯病、本国に送り出す子どもとの別れといった苦労話なのである。[9]

アフリカのヨーロッパ人家庭の生活も、インドや東南アジアと似たようなものだった。二〇世紀初頭、イギリス植民地官僚制度は、植民地行政官の結

(7) Butcher (1979), pp. 40–41, 134–37.

(8) Allen (1983), p. 155; Butcher (1979), p. 142.

(9) Brownfoot (1984), p. 189; Butcher (1979), pp. 145–46.

婚を歓迎しなかった。アマチュアの民族誌家で植民地役人の妻だったD・エイモリ・タルボットは、一九一五年、夫の渡航費しか支給しようとしないイギリスの方針が不満だった。彼女は、イギリスのこの方針を、もっと気前のいいドイツやフランスと比較しながら、妻の海外渡航を奨励することほど「熱帯で死亡者の数を減らし、健康水準を改善するのに役だつことはほかにないだろう」[10]と主張している。タルボットがひきあいに出したフランスの方針にしても、すべての役人が諸手をあげて行政官の結婚に賛成していたわけではない。第一次世界大戦前に仏領西アフリカの総督を務めたウィリアム・ポンティによれば、家族づれの行政官は、「仕事の効率が約五〇パーセント失われた」という。事実、行政官の大半は妻をともなわずに着任し、地元の女性といっしょに暮らした。[11]とはいえ、一九二〇年、イギリスの植民地相が発令した布告には、結婚や家庭生活を楽にするために実際にはほとんど何もなされなかったとしても、結婚生活は行政官にとって当たり前の状態でなければならないことが謳われていた。[12]

一九三〇年代初頭までには、イギリスとフランスの行政官が妻を植民地に同行することも少なくなった。もっとも彼らは、一般に本国の男性に比べれば晩婚で、第二次世界大戦以後になるまで、海外勤務を二、三回経験したあとで婚約し、自分の担当地区がもてるようになってから結婚することを

(10) Talbot (1968), pp. 241-42.

(11) 引用は、Cohen (1971), p. 122.

(12) Callaway (1987), p. 19.

望んだ[13]。イギリス植民地行政官の妻の社会的な出自は、一般的に夫と同じだった[14]。妻の実家が過去に植民地と関係していた場合もあっただろう。たとえば、シルヴィア・リース－ロスの父は、奴隷貿易の廃止にともなって配備された西アフリカ奴隷監視隊*1で勤務中、最後のポルトガル奴隷船の捕虜になった。彼女の兄弟たちも中国や太平洋地域に派遣されていたし、インドには叔父たちがいた。聖職者家庭出身の女性もいた[15]。

妻の役割にたいして新しい評価が生まれると、公式の姿勢も変わってきた。ヨーロッパ人の数が少ない植民地では、妻は夫の文化的・物理的な孤独感をやわらげる存在と考えられたのである[16]。しかし、子育てをめぐる姿勢は、第二次世界大戦後まで変わらなかった[17]。たしかに、熱帯病は頻発し、健康管理は最低限のものでしかなかった。大人も子どもも、黒水病*2やマラリアの犠牲となった。リース－ロスの記述には、一九〇六年、リヴァプールからナイジェリアまで同行した五人のなかで、一三か月後も生きていたのは私だけだった、とある。それから何十年たったあとも、植民地の女性たちは流産の話をよく口にしたが、皮肉なことにそれは、マラリアの予防薬が手に入るようになったせいかもしれない[18]。

行政官とその家族以外にも、アフリカの植民地、とりわけケニヤや南北ローデシア、そして南アフリカには、〔ヨーロッパ人の〕入植者がいた。アフ

(13) Allen (1979), p. 110.

(14) 賢明な結婚が、野心的な植民地官僚の上昇を助けることもあった。たとえば、一八九三～一九一一年に北東ローデシアの行政官だったヒュー・チャールズ・マーシャルがそうである。彼の妻ビアトリスはマーシャル自身より上の階級の出身だった。Wright (1986), pp. 13–22, ならびに個人的な情報による。

(15) Cohen (1971), p. 122; 人物紹介についてはGann and Duignan (1978), p. 243を、伝記的な情報はAllen (1979) を参照されたい。Pearce (1983), p. 268; Leith–Ross (1983).

(16) Gartrell (1984), p. 173.

(17) ナイジェリアについては、Callaway (1987), p. 198を参照。

(18) Leith – Ross (1983), p. 58; Alexander (1983), pp. 14–16, 41, 68, 74; Boutilier (1984), pp. 192–94; Callaway (1987), pp. 198, 221.

リカ人の土地を搾取してその分け前にあずかろうとした白人は、ひどい孤独感を経験したことだろう。両世界大戦間期、アリス・シンプソンと夫は、イングランドでの〔苦しい〕経済状態をのがれ、農場経営を夢見てケニアに渡り、六年ほど暮らした。資本が十分行き届かず、旱魃や洪水で荒れはてた土地を手にした彼らは、アフリカ人を「現地人保護区《ネイティヴ・リザーヴ》」に追い出して開かれた土地に移り住んだ典型的な白人入植者だった。シンプソン夫人の出産に立ち会ったオーストラリア人の看護婦は、使用人をひとり連れ、ラバに乗って到着した（医者の車は、水びたしの道路を走ることができなかった）。夫ほど楽天家でなかったシンプソン夫人は、当時をふりかえってこう述べている。「毎日、毎月があきれるほど同じでした……私には、私たちの生活が、なにかよくわからない罪のために強制労働を科せられているように思われました」。単調な生活を破ったのは、医者の助けを求めてナイロビや地元の小さな町に出かけるときとか、放浪中のヨーロッパ人がたまに、一年に一度くらい、訪ねてきたときだった。こうした経験は、彼女がケニアに来るまで抱いていた冒険に満ちた幻想や快適な生活とはかけ離れたものだった[19]。

とくに初期の時代、植民地で家庭生活を営むことはたいへんな難題であった。さまざまな回想録のなかで、女性たちはその苦労をつぎつぎと語ってくれる（それとは対照的に、家庭や植民地の女性のことを書いた男性はほとんど

(19) Simpson (1985), pp. 75-76, 83, 104.

＊1　一八〇七年に奴隷貿易が廃止されたのち、シェラレオネのフリータウンを基地として、イギリスが配備した。監視隊に拿捕された奴隷船はフリータウンに運ばれ、船長は裁判にかけられ、奴隷たちは解放されて、キリスト教に改宗する者も少なくなかった。

＊2　悪性マラリアの一種で、尿が黒くなることからこうよばれた。

いない。彼らは自身のプライヴェートな生活にはふれていない[20]。つまらない生活を送る植民地の妻たち、というステレオタイプは、二〇世紀の最初の十数年間に、夫に同行してアフリカ奥地に向かった妻たちにも、シンプソン夫人のような貧困の妻たちにもあてはまらない。子どもたちと強制的に離ればなれにされたことで、行政官の妻たちの生活には情緒的なひずみが生じた。そこではたしかに、母であるよりも妻であることが優先されていた。とはいえ、ある点にかんしては、植民地の妻のステレオタイプは的を射ている。それは、彼女たちが本国より多くの使用人を抱えていたことである。それも、使用人を雇うことがヨーロッパですっかりすたれた時期にだ。

　なるほど、植民地においてヨーロッパ人である利点のひとつは、使用人がいるというぜいたくにあった（もちろん、このぜいたくは、植民地の環境の厳しさと物理的につりあっていた）。それでも、使用人は、本国に戻れば、植民地行政官の出身階級であるミドルクラスの多くの家庭では手の届かないぜいたくの代表だった[21]。ましてや、入植者や兵士らの出身である労働者階級にはまったく縁のないものだった。たしかに、行政官の妻にたいする批判の多くには、彼女たちに使用人がまともに扱えるはずもないという、上流階級の偏見が反映されているかもしれない[22]。インドでは、安い賃金、およびカースト制度に由来する厳格な労働区分のせいで、多くの使用人を抱えることもめ

(20) Callaway (1987), pp. 22–26.

(21) インド兵士の妻に使用人がいたという事実は、階級的な偏見に焦点をあてることになった。たとえば、あるメムサーヒブはこう論評する。「彼ら〔兵士たち〕は、多かれ少なかれ、貧しい無能な人たちで、イギリス人らしい体格は気候のせいで弱くなり、使用人を一人か二人かかえるというめったにないことのせいで、道義心まで奪われている」。引用は、MacMillan (1988), p. 145. ブラウンフットは、「本国」と比べて、英領マラヤのヨーロッパ人の手に届いた高い生活水準にふれている。Brownfoot (1984), pp. 192–93.

(22) Kuklick (1979), p. 126. ナップマンは、「下層階級」の女性が女主人として実効力がなかったという証拠を発見していない。Knapman (1986), p. 149.

ずらしくはなかった。一九四〇年代、著述家ルマー・ゴッデンは、丘の上の家で大人ひとりと子ども二人が暮らすために、一二人の使用人を抱えていた。[23] それ以外にも、たとえばシンプソン家のようなアフリカに入植した貧しい白人の家ですら、何人かの使用人を雇っていた。[24] 一九三〇年代の中央アフリカで成長するという想定の小説のなかで、ドリス・レッシング〔彼女自身は南ローデシア育ちである〕は、〔主人公〕マーサ・クェストの家を、成功する見込みのない農地に建てられた泥とわらの現地風の小屋、と表現した。それでも、その家には使用人がいるのである。同じように、南アフリカのフェミニストで進歩的な作家だったオリーヴ・シュライナー[*3]の宣教師一家は、貧しかったが、使用人が複数いたのである。[25]

使用人を抱えることは、家事負担を軽減したのみならず、多くの白人女性にとって、現地人とやりとりするもっとも重要な機会となっていた。きわめて不平等なこの関係にもとづいて、ヨーロッパ人女性は、その土地の生活や文化にたいして歪んだ見方を発展させた。彼女たちと現地人とのもっとも濃密な関係は、〔現地の〕社会構造のある一点に集中していた。使用人たちが、下層階級、つまり下位カーストの出身だったからである。[26] そのうえ、ヨーロッパ人が、使用人のことを、彼ら自身をとりまく環境に照らしてみることなどまずなかったし、使用人が、自分たちには理解できない女主人の前で本当

(23) Greenberger (1978), p. 50.
(24) Simpson (1985), p. 69; Huxley (1959); Van Onselen (1982b), pp. 3-4.
(25) Lessing (1970), pp. 13, 54 and *passim*; First and Scott (1980), p. 44.
(26) ヌプール・チャウドュリのこの洞察に感謝する。

＊3 (一八五五〜一九二〇年) 南アフリカ、バストランド出身の小説家。父はドイツ系、メソディストの宣教師。一〇代で書いた『あるアフリカ農場の物語』(一八八三年) で一躍有名になる。一時イギリスでくらすが、その後南アフリカに戻り、執筆活動をつづけた。

の自分を隠したのも無理からぬことであった[27]。

使用人の監督は妻の役割だったが、それはときに、ひじょうに複雑なものになることもありえた。インドでは、現地の制約により、あるカーストに属する者が他のカーストの仕事をしてはいけないことになっていたため、一軒の家が抱える使用人の数は膨れあがった[28]。もっとも、そういった現地制約のないアフリカでも、使用人の数は多かった。ボイル夫妻、ローラとデイヴィッドは、現在のガーナの人里離れたある地域に住んでいたが、そこには、男女あわせて六人の家事使用人と、屋外で働く一二人の男たちがいた。監督する立場にあるからといって、〔白人の妻たちに〕無制限の権力が認められていたわけではない。ローラ・ボイルは日記にこう記している。「モウザはお行儀がよく、とても役にたつし、思慮深い。食料品を棚にしまおうとする彼に手を貸そうとすると、モウザは丁重に、しかしきっぱりと、私自身が動かないように、こういったのです。『奥さん、働く、ない[29]』」。女主人は時間に正確でなければならないが、家事の切り盛りにあまり口をはさむべきでなかった[30]。植民地支配に不可欠である見た目の威厳を保つためには、使用人の前で守らなければならない行動規範があったのだ。

白人の女主人とその使用人が仲よくやっていくには、双方に注意深い根回しが必要だった。第一次世界大戦直前のケニアで子ども時代をすごしたエル

(27) アパルトヘイトの苛酷な状況下にもかかわらず、現地人の使用人と女主人とのあいだに存在した大きな溝については、Cock (1980), chap. 3に述べられている。

(28) Allen, ed. (1976), p. 79.

(29) Boyle (1968), p. 19, chap. 2.

(30) Kirkwood (1984a), p. 157.

スペス・ハクスリは、使用人たちに恭順の姿勢を維持させることがヨーロッパ人にとっていかに重要だったかについて、こう説明する。

ジュマは恩着せがましい態度で［私の母を］怒らせた。母はジュマが十分な敬意を示していないのではないかと、いぶかしく思っていた。当時、尊敬の念に欠けることは、子どもを放っておいたり、男をうっとりさせたり、牝牛を盗んだりするより重い罪であり、罰としてぶたれるのがふつうだった。たしかに、尊敬の念は、一家族だけで、あるいはまばらに数家族が集まって暮らしているヨーロッパ人にできる、唯一の防衛策だった。彼らの周囲にいる何千ものアフリカ人たちはたえず戦闘状態にあり、槍や毒矢で武装することに馴れているのに、ヨーロッパ人には、バリケードもなければ、出歩くときも無防備なのだから。この尊敬の念は、目に見えない鎖かたびらのように、あるいは一種の魔法のように、ヨーロッパ人を守り、うまくいかないことはめったになかった。しかしながら、それは、きわめて慎重に守られねばならなかった。[31]

一八五〇年代、オリーヴ・シュライナーの母は、もうひとりの娘であるケイトへの助言のなかで、宣教師には使用人をより対等に扱う傾向があったこ

(31) Huxley (1959), p. 14.

と、ならびに、南アフリカの白人と使用人との典型的な関係とはどういうものかをあきらかにしている。ケイトはこういい聞かされてきた。「使用人は使用人として扱われるべきであり、宣教師がしばしばするように、それ以上のものとして扱ってはいけない、そう思っている女性たちがいますが……そういう女性のことをあまり厳しく非難してはいけません[32]。エリザベス・メルヴィルの『シェラレオネに暮らして』(一八四九年)は、アフリカ人の使用人にたいするありふれた態度を伝えているが、それとほとんど変わらない姿勢はどこにでもみられた。メルヴィルの語りは、日々の生活や家事の「どうでもいいこと」と関連して、「アフリカ人は怠け者で、愚かで、きれい好きではない」ことを嘆き、使用人をどこに配置し、どうやって訓練するか、とてもむずかしいと、これまた嘆くのである[33]。もちろん、そういった〔使用人たちの〕非協力的な態度は、服従する側がよくとる抵抗のテクニックである。それからほぼ一世紀後の一九三〇年代、家族で住んでいた南ローデシアの農場のことを書きながら、ヒルダ・リチャーズは、こうした〔使用人の〕ステレオタイプの多くをくりかえしている。「知的で聡《さと》い少年は、のちにその賢さを利用して仕事をさぼるようになるだろう。まぬけ面している子のほうが、がまん強く、決まってことをきちんとこなすだろう」[34]。ヒルダは、使用人の多くが雇い主のことを好きであるという考えを捨てる一方で、何年も

(32) 引用は、First and Scott (1980), p. 44.

(33) Melville (1849), pp. v, 251. 本文中の引用はStevenson (1982), pp. 16–17; Van Onselen (1982b), pp. 43–44も参照。

(34) Richards, H. (1985), p. 22.

働けば、彼らは雇い主を慕い、忠実になることもありうることを認めている。

白人が書いた報告書の多くは、〔主人と使用人との〕関係に、家父長制的《パターナリスティック》ではあっても、積極的な性質を強調している。第一次世界大戦前夜、ボイル夫妻はゴールド・コーストを去るにあたり、自分たちの使用人がほかのヨーロッパ人のところで働けるように手配した。唯一の例外が、妻ローラの侍女であった一三歳のタニだった。ボイル夫妻は、タニの夫が彼女をほかのヨーロッパ人のところで働かせたがらないだろうと、つぎのように誇らしげに語っている。「彼ら〔ほかのヨーロッパ人〕は、私（ローラ）のように『ふるまう《プレイ》』ことができないだろうから、ですって！　それは、私にたいする最大のお世辞だと思うの。あの娘《こ》に報いてあげたいわ。私、あの娘のこと、ほんとうに大好きなんですもの」(35)。デンマーク人作家のアイザック・ディネーセン＊4（カレン・ブリクセン）は、ケニアに移民し、コーヒー栽培を試みたがうまくいかなかった。その土地を去るにあたり、彼女は、使用人たちの身のふりかたを慎重に手配した。土地を受け取る者、店を譲られる者もいれば、就職を保証する運転手の資格を手にした者もいた。入植者の多くは、ディネーセンが、彼女の農場で小屋住み労働をしていた二〇〇家族のために、総督に特別な配慮をしてもらったと思った。使用人たちが受け取った（とり戻した、と

(35)　Boyle (1968), p. 174. フィジーについては、Knapman (1986), pp. 155–56を参照。

＊4　（一八八五〜一九六二年）デンマークの小説家。本名カレン・ブリクセン。デンマークの旧荘園領主の娘で、一九一四年、いとこのスウェーデン人ブロル・ブリクセン・フィネッケ男爵と結婚してケニアに渡り、コーヒー農園を経営するが、二一年ケニアで離婚。『七つのゴシック物語』（一九三四年）、『アフリカの日々』（一九三七年）などの作品があり、ノーベル賞候補にもあがった。映画化された彼女の回想録『アフリカの日々』（邦題『愛と哀しみの果て』）には、彼女の夫のような没落貴族が押しよせたケニアのホワイト・ハイランドの様子が克明に描かれている。ナイロビにあるかつての彼女の住まいは、現在博物館となっている。

いってもいい）土地は、キクユ保護地区《リザーヴ》、すなわち、アフリカ人の土地を差し押さえたときに「ネイティヴ」のためにとっておかれた地区＊5にあったからである。(36) こうした配慮がいつもなされたわけではなかった。

使用人が白人の女主人をどう見ていたかについては、ほとんど知られていない。なかには愛情めいたことを口にする者もいた。ミシ・ワ・アブダラは、一九二〇年代、夫に同行して、沿岸の町モンバサからナイロビに移った。彼女は、夫の雇い主が、月六〇シリングで自分もいっしょに連れていった様子をつぎのようにふりかえる。「それは、彼女〔女主人〕の親切心だったのです。ご主人《レディ》は私のことがとってもお好きで、私に縫い物やかぎ針編み、靴下作りや他の仕事をたくさん教えてくれました」。(37) デイヴィッド・ボイルの耳に入った使用人たちのおしゃべりのように、「白人女性はとても変わっている」、つまり不思議だと感じた使用人がいたかもしれない。(38)

しかし、使用人と女主人との関係には問題も多かった。肉体的な接触は、植民地社会を支える〔現地人との〕社会的な距離感を脅かす可能性があった。あるメムサーヒブは、使用人の男性が近くに毒ヘビがいることを自分に警告しようとしてうまくいかなかった様子をこう語っている。「『そのとき、その使用人は、インドではまったく前例のないことをしてしまったのです。そう、私に触れたのです。彼は私の肩に手を置き、私を手前にひき寄せたの

(36) Thurman (1982), pp. 244, 248–49.

(37) Mirza and Strobel, eds. and trans. (1989), p. 77.

(38) Boyle (1968), p. 33. 同時代の南アフリカの家事使用人の見解については、Gordon, ed. (1985) を参照。

でした』。彼女は、この使用人が自分の命を助けてくれたことがわかったものの、『それでもやはり、そんなことはされたくなかったので、そのあとすぐに彼をやめさせました』〔といった〕[39]。女主人と使用人の身体が触れただけで不安になるようならば、男性の主人と〔女性の〕使用人とのあいだに想定される肉体関係もまた、脅威であることが判明した。北ローデシアのヨーロッパ人女性たちは、夫と使用人の女性との肉体関係をおそれて、アフリカ人女性を家事使用人として雇うことに抵抗した。銅山採掘労働者である男たちを解放せよという政府のキャンペーンを前にしても、女性たちは動じなかった[40]。アフリカ人男性が使用人をしていたところでは、ときとして〔ヨーロッパ人と現地人との〕親密ぶりがうかがえた。女主人がアフリカ人の家事使用人に、個人的に入浴や着替えを手伝ってくれるよう頼むこともあった[41]。こうした女主人たちは、異人種間の性的関係を禁じた行動規範を破るにあたり、挑発的な行為をするか、アフリカ人男性のセクシュアリティを否定するかのいずれかだった。知られていなかったわけではないが、女主人が親密な関係を手ほどきした例は、二〇世紀最初の十数年間、南アフリカの白人たちに衝撃を与えた。下働きの若者が主導権を握るとすれば、それは深刻な危険を承知のうえでのこと。一九一二年、そんな使用人が女主人の手をとり、こういった。「彼〔私＝使用人〕は彼女〔あなた＝女主人〕がとても好きです」。

(39) MacMillan (1988), p. 105.

(40) カレン・ハンセンは、ザンビアではなぜ家事使用人が男性の領分でありつづけたかについて、複雑だが説得的な主張をしている。Hansen (1989). ナップマンは、フィジーでは、性的なジェラシーゆえに〔白人の〕女主人が女性の家事使用人を拒否したという証拠を見つけていない。Knapman (1986), p. 158.

(41) Van Onselen (1982b), pp. 30–31.

＊5 ケニアへの白人の入植を奨励すべく、白人入植者向きの土地（ホワイト・ハイランド）を確保するために、現地のアフリカ人を強制的に居住させた地域。アフリカ人農民は、商品作物の栽培、とりわけコーヒー栽培を禁止され、人頭税の支払いにあてる現金収入を得るため、白人の農場で働かざるをえなくなった。

その結果、彼には、強制労働をともなう四か月の禁固刑、および「暴行」にたいする五回の鞭打ちが申し渡された(42)。

アフリカの家事使用人の多くはアフリカ人であったが、一九世紀後半をつうじて、イギリスから移民してきた女性の多くが、けっきょく、南アフリカで家事使用人となった。彼女たちの移民は、一八三〇年代の貧困の労働者階級女性にはじまり、第一次世界大戦勃発までつづいた。移民たちの階級構成は時代とともに変化している。一八六〇年代に移民が以前より恥ずかしくない《リスペクタブル》行為とみなされるようになると、下層中産階級の女性や「困窮化したジェントルウーマン」がますます多く、移民の波に加わるようになった。一八八〇年代までに、「イギリス女性移民協会」(BWEA*6)のもとに統合されたさまざまな移民団体は、移民動機を刺激するために、家事使用人がリスペクタブルな仕事となりうること、ならびに結婚の可能性を宣伝文句に謳った。一八九〇年代、BWEAはそのメッセージに、世界を文明化し、植民地にイギリスの価値観を確保する機会をつけ加えた(43)。

女性移民の理由は、男女人口比のアンバランス、およびイギリス国内で女性の雇用が限られていたことであった。男性が植民地に移住したために、一九世紀半ば以降、イギリスにおける女性と男性の人口比率はしだいに拡大し、一八五一年、男性一〇〇〇人にたいして女性一〇四二人だった男女比

(42) Van Onselen (1982b), p. 48.
(43) Hammerton (1979), pp. 148-49, 162-63; Davin (1978), pp. 9-65.
(44) Hammerton (1979), pp. 28-29.

*6 一八八四年に発足した民間団体。少女友愛協会や全国母親連合といったイギリス国教会系のヴォランティア団体と協力して、カナダ、オーストラリア、ニュージーランド、南アフリカを中心に、イギリス人女性を移民させる活発な活動を展開した。年次報告書とともに機関誌『帝国の植民者』(*The Imperial Colonist*)を発行。一九二〇年、その活動は政府組織「女性移民ならびに海外就職斡旋協会」に委譲された。

*7 アフリカンダー(Afrikan-

は、一九一一年には男性一〇〇〇人にたいして女性一〇六八人になった。男女人口比のアンバランスは、二〇〜三〇歳のあいだでとくにひどかった。[44] 結婚適齢期の女性が「余っている」という考え方は、もちろん、イデオロギーのうえで決められたものである。母であり、妻であり、家庭を切り盛りする者という役割を女性にあてた家父長制的イデオロギーは、独身女性に積極的な成果を想像することができなかった。しかも、ミドルクラスの中・下層の女性たちが、同じ狭い土俵で雇用確保を競いあっていたのである。

植民地は、人口上、およびイデオロギー上の理由だけでなく、雇用面でも女性移民を求めていた。カナダやオーストラリア、南アフリカ、そしてそれ以外の植民地も、ＢＷＥＡが組織する何千人もの移民をひきつけていた。イギリス文明と白人労働者の再生産のためには、適切な数の白人女性が必要であった。とりわけ南アフリカでは、アフリカーナー[*7]とイギリス人とが戦ったアングロ・ボーア戦争[*8]につづく世紀転換期、植民地政府がイギリスの「余った」女性に移民をよびかけた。一九〇一年、ＢＷＥＡ内部に南アフリカ拡大委員会が設置され、それが一九〇三年に「南アフリカ植民協会」（ＳＡＣＳ）として独立した。一九〇二年、イギリス人入植者は、支配下においたアフリカーナーの土地のひとつ、トランスヴァールに移動しはじめた。一九〇四年、トランスヴァールの人口調査によれば、ヨハネスブルクだけで、独身の

der）ともいう。一七世紀、オランダ東インド会社によって南アフリカに入植したオランダ系白人住民。オランダ語で農民を意味するボーア（Boer）とよばれた。イギリスがケープ植民地を獲得した一八一四年以降、北方へ大移動し、トランスヴァール共和国とオレンジ自由国を建国。現在の南アフリカ共和国で白人人口の約六割を占めている。

＊8　第一次戦争（一八八〇〜八一年）、第二次戦争（一八九九〜一九〇二年）があり、現在では南アフリカ戦争との呼称が一般的である。とりわけ、キンバリーでのダイヤモンド、トランスヴァールでの金の発見以後、イギリスによる露骨な内政干渉がひきおこした第二次戦争の結果、勝者イギリスが南アフリカ全体を植民地化することになった。その一方で、戦争中、イギリスによるボーア人農場の焼き討ち、女性や子どもを収容した強制収容所の劣悪な環境などが、イギリス国内外で大きな非難の的となった。

白人男性三万三〇〇〇人にたいし、独身の白人女性は一万七〇〇〇人。しかも、男性人口は、もっぱら二〇～三九歳に集中していた[45]。時代のレトリックが、帝国的な目標と家父長制的な目標とを結びつけていた。BWEAの創設者であるエレン・ジョイス[*9]はつぎのように述べている。「自分と同じ国の女性と結婚できる可能性があることは、帝国にとっても、家族にとっても、たいせつなことです[46]」。もっと露骨に、彼女はこうも語っている。「目下われわれがボーア人を同化することなど、できるはずもありません。……もし彼らを同化できなければ、彼らを圧倒する以外ありません[47]」。

本国と植民地は、南アフリカをイギリス化する必要性について一致していたものの、誰が行くべきかをめぐって対立していた。南アフリカの役人たちは、オーストラリアやニュージーランド同様、家事使用人をほしがった。この時代までに、南アフリカのほかの地域では家事使用人の仕事はアフリカ人女性の領分になっていたが、トランスヴァールのラント[*10]金鉱地域では男性の家事使用人のほうが多かった。一八九〇年代、南アフリカ植民地政府は、アフリカ人男性を鉱山で働かせるために、白人女性を使用人として求めた[48]。ところが、移民諸協会は、イギリス本国の使用人人口を枯渇させているという批判を避けるために、使用人階級《サーヴァント・クラス》の女性を移民させることに難色を示したのである[49]。

(45) こうした数字は、アフリカーナーか英語を話す人たちかで割れない。Van-Helten and Williams (1983), p. 26.

(46) *BWEA Annual Report 1900*, p. 12, 引用はVan-Helten and Williams (1983), p. 22.

(47) *The Saturday Review*, September 20, 1902, 引用はVan-Helten and Williams (1983), p. 23.

(48) Van Onselen (1982b), p. 11; Van-Helten and Williams (1983), p. 27.

(49) Hammerton (1979), pp. 53–54.

(50) Hammerton (1979), pp. 155, 158–89.

(51) Van Onselen (1982b), p. 4.

(52) Van Onselen (1982b), pp. 12, 13, 34; Van-Helten and Williams

移民諸協会はさまざまな策をめぐらして、使用人階級《ノン・サーヴァント・クラス》以外の女性たちを集めようとした。〔使用人を意味するサーヴァントという言葉に代わって〕「ホーム・ヘルプ」「レディ・ヘルプ」「コンパニオン・ヘルプ」といった呼称が氾濫した。一八九〇年、ＢＷＥＡは、イギリスよりも厳しい植民地の状況に適応可能な家事使用人を訓練する学校*11を設立した。(50) とりわけ、〔南アフリカの高い〕賃金レヴェルが移民募集に役だった。一八九〇年代のラント地域において、白人家事使用人の賃金は月に四ポンドから一〇ポンド。これに住まいと食事がついた。同じころ、イギリスの中・上流階級の家庭で働く二〇代の家事使用人の年収は、現金で一五～一八ポンドほどであった。(51)

数字のうえではうまくいったものの、結局、ＳＡＣＳの計画は南アフリカの使用人需要を満たすことはできなかった。一九〇二～一二年の間に、同協会は、南アフリカの他地域を除いたラント地域だけで、約一五〇〇人の白人女性を家事使用人として送り込んだ。しかし、いったん移民してしまうと、女性たちは使用人の仕事を捨て、他の職業についたり、結婚したりした。人種差別主義のイデオロギーは、もっとも屈辱的な仕事はアフリカ人がすべきであると謳っていたし、ウェイトレスや事務職、ないし数は少ないものの工場労働といった仕事のほうが、家事使用人として一年ほど働いた移民女性には魅力的であった。(52) 使用人の結婚は、雇う側にしてみれば損失だが、イギリ

(1983), pp. 28, 34.

＊9　（一八三二～一九二四年）イギリス国教会の聖職者だった夫の死後、自宅のあるウィンチェスタを拠点に、女性移民活動のリーダーとして活躍。国教会系民間団体である少女友愛協会に移民部門を発足させ、その代表者として少女移民にも深く関与した。

＊10　正しくはウィットウォータースランド。トランスヴァール南部にある世界最大規模の金鉱床。一八八六年に発見され、一攫千金を夢見てヨーロッパ各地から殺到する人びとでヨハネスブルクは急速に都市化し、やがて南アフリカ最大の経済都市へと発展していった。

＊11　生まれよき中産階級の女性たちが植民地の厳しい生活に適応できるよう、家事全般や家禽類、みつばちの飼育など、実践的な訓練をほどこす施設であり、リートン・ホーム、のちにリートン・カレッジ（Leaton College）とよばれた。

ス人人口の安定、わけてもトランスヴァールにおける白人労働者階級を安定させたいと願っていた植民地政府にとっては成功といえよう。個々の女性にとって、結婚は、相対的に特権を有する白人社会への仲間入りを意味した。一九一一年までに、SACSをつうじてラント地域に移民した女性の約三〇パーセントが、もっぱら坑夫や職人らと、すなわち「彼女たちがイギリスで結婚するより上の階級」と結婚している[53]。

女性移民たちはすぐさま南アフリカの人種区分に合うよう、文化変容《アカルチュレイト》[*12]をとげたものの、白人の家事使用人のなかには、使用人としていっしょに働くアフリカ人男性とのあいだに性的な問題をひきおこす女性もいた。一九一三年、婦女暴行にかんする委員会は、この状況を「女性側の性的倒錯」のせいにしたが[54]、そうした関係は、人種間の緊張と競争の現れでもあった。白人の女性使用人を襲ったアフリカ人男性にたいする告発のいくつかは、経済不況期、女性の使用人が下働きのアフリカ人をまっさきにクビにしようとしたことが原因だったらしい。

このように、南アフリカにおける家事労働のしくみには、ジェンダー、人種、階級といった分類が交錯していた。ヨーロッパ人の女主人は、家事使用人が雇えたことで、女性としての抑圧は改善された。女主人と使用人との関係は、しばしば〔白人女性が〕現地人と接する唯一の貴重な機会であり、

(53) *Dominions Royal Commission, Minutes of Evidence*, Cd 6516, p. 124, 引用はVan-Helten and Williams (1983), p. 35.

(54) *Report of the Commission Appointed to Enquire into Assaults on Women 1913*, para. 112–13, 139. 引用はVan Onselen (1982b), p. 47.

〔白人の〕人種的優越のイデオロギーを強めた。植民地政府が労働者として白人女性を求めたのは、（白人にとって）家事は女性の仕事であるとする家父長制的な労働区分、家父長制的な結婚観、そして、イギリスの価値観や文明を広めるという帝国主義のイデオロギーによるものだった。家事使用人という仕事は、白人女性にとって通常、南アフリカで白人が有している特権を共有するための一段階であったが、アフリカ人の男女にとっては、昔も今も、搾取と抑圧のシステムなのである。

ＢＷＥＡが送り出した女性たちに加えて、かなりの数の女性が、自分の意志で、あるいは「白い奴隷」[13]とよばれた売春ルートをつうじて、ヨーロッパのさまざまな地域から植民地に渡っていった。ラント地域で金鉱が発見された一八八六年以降、たくさんの売春婦がドイツ東アフリカ海運航路で南アフリカへと向かった。一八九六年までに、ラントにいる一五歳以上の白人女性のうち、一〇パーセントほどが売春婦として働いていたと推定される。その大部分が、ヨーロッパのさまざまな状況をのがれて、近年ここに移民した女性たちであった。一八九四～九五年には、ハンブルクで外国人売春婦が取り締まられたために、オーストリア系ハンガリー人女性の集団がラントにやってきた。ぶどうにつくアブラムシの大量発生によって、ぶどう栽培地域の女性が移民せざるをえなくなったのだ。東ヨーロッパでの虐殺《ポグロム》[14]をのがれ、ニュ

*12　外部文化との接触、作用によって、自文化と外部文化の一方、または双方が変化する現象のこと。

*13　売春を強要されて外国に売られたヨーロッパ人女性のこと。

*14　一八八一年におこったロシア皇帝アレクサンドル二世の暗殺を契機に拡大したユダヤ人迫害。これを避けて、数百万人のユダヤ人がアメリカ大陸に渡ったといわれる。

ーヨークやロンドン経由でトランスヴァールへやってきたユダヤ人女性は、白い奴隷商人たちの募集に応じ、金鉱の坑夫たちを相手にした(55)。

一八九〇年代末、ラントに女性を送り込む商売を牛耳っていたのは、東ヨーロッパの男たち(そして数人の女たち)であった。彼らは、ニューヨークに一時逗留したことから、「バウリー・ボーイズ」*15とよばれた。自称ベッシー・レヴィンという売春宿の女主人は、故郷ポーランドに戻り、ファニー・クレスロという一五歳のリトアニア人女性に、ロンドンに店員の仕事があると声をかけた。ロンドンに到着直後、レヴィンはファニーに、あなたの雇い主が南アフリカにいってしまった、われわれもそのあとを追わねば、といった。けっきょくファニーは、地元の警察が「バウリー・ボーイズ」一味を解散させ、彼女を解放するまで、さまざまな人種の客を相手にしながら一年間をすごさねばならなかった。ほかにも、〔売春を斡旋する〕男たちが独身を装い、腹心の女性を仲介役にして東ヨーロッパのユダヤ人の娘たちを誘惑する、という手が使われた。娘たちは、アルゼンチンや南アフリカに送られる前に、ロンドンで無理やり客をとらされた。ヨーロッパ出身の移民女性が売春の中心だったのは一九一〇年までであり、それ以後は、プロレタリア化と貧困化の進展によって、アフリカーナーやアフリカ人女性が、住みなれた土地を離れ、鉱山地帯で売春せざるをえなくなった(56)。

(55) Van Onselen (1982a), pp. 108–34; Hyam (1986a), pp. 67–72.

(56) Van Onselen (1982a), pp. 103–62; また、ボーア人〔アフリカーナー〕、アフリカ人女性のプロレタリアート化の格差にかんしては、Bozzoli (1983), pp. 139–71を参照。

白い奴隷戦略は莫大な利益を生むことがわかった。フランス人がラントで経営していたある売春宿の売春婦たちは、短時間《ショート・ヴィジット》で一ポンド、一晩なら五ポンドを取っていた。彼女たちは、売春宿の女主人アリス・ミューラーに、食事代と部屋代として一か月四ポンドを支払っており、売春宿の経営者には、部屋を貸すだけで年一七二八ポンドもの純利益がころがりこんだ。くわえて、売春婦たちは、食事と部屋代以外のミューラーの取り分については、各自、彼女と口頭で契約を交わした。女性たちは、月曜から土曜まで、夜五時間ほどのあいだに平均して四人の客を相手にした。売春宿の経営者はアフリカ人の客を奨励したが、それは、売春宿という文化環境にしてはめずらしいことに、アフリカ人はすぐに帰ってくれたので回転率がよく、もうけが大きかったためである（こうした異人種間の性的な行動は当局を驚かせた）(57)。

ヨーロッパから来た売春婦のたまり場という点で、ラントと共通する場所はほかにもあった。世紀転換期の南アフリカに比べればヨーロッパ人売春婦の比率は低かったが、インドの大都市もそのひとつだった。一八八〇年、カルカッタには、二四五八人の売春宿経営者（うちヨーロッパ人は八人か一〇人）と七〇〇一名の売春婦（うちヨーロッパ人は六五人、ユーラシアンは四六人）がいた。ボンベイの売春宿では、東ヨーロッパから亡命してきたユダヤ人がその一部を構成していた。これらの女性たち全員が自分の意志に反し

(57) Van Onselen (1982a), pp. 123–24.

＊15 ニューヨークのバウリー街（Bowery Street）は、当時、酔っぱらいや落ちぶれた人びとのたまり場として知られていた。

てここにやってきた（あるいは、少なくとも一時的に滞在した）わけではなかった。一八九一年に現れたファニー・エプスタインの場合はこうだ。彼女と友人のアニー・グールドは、売春婦としてロンドンからボンベイにやってきた。役人や宣教師が入れ替わり立ち替わり、彼女たちを本国に送還しようとしたが、二人はそれを拒んだ。「全国自警協会」が、彼女たちの仲間、アレキサンダー・カーンを白い奴隷取引の罪で告発しようとしたときも、エプスタインは、無理やり連れてこられたとはいわなかった。[58]

ヨーロッパ同様、植民地においても、ジェンダーの役割が売春のありかたを決めていた。生活のために自分の性を売り物にしていたのは、男性より女性に多かった。軍隊や鉱夫、役人、あるいは狩猟の旅の引率者として植民地にやってきたヨーロッパ人男性の相手をした女性は、個人営業か白い奴隷取引の犠牲者、ないしは、政治的・経済的な危機をのがれた難民であった。

専門職に関心がある女性にたいして、植民地は、訓練を受けた現地人の専門家と競合させながら、別のチャンスを提供していた。一九世紀のインドでは、雇用面で、ヨーロッパ人女性が教育を受けた現地人男女にとって代わった。植民地主義がインド女性に西欧の医学治療を求めるように仕向ける一方、プルダ（男性からの女性隔離）が女性の内科医への需要を創りだしていた。この需要に応えて、西欧化したミドルクラスのインド人のなかには、娘

(58) Ballhatchet (1980), pp. 126–28. 一八九〇年代のマラヤ州連邦には、ヨーロッパ人の売春婦はおらず、アジア人だけだった。Butcher (1979), p. 197.

を医者にしようとする者も出てきた。専門職についたこれらの現地人女性にとって代わったのが、イギリス本国の差別を嫌ってインドにやってきたイギリス人の女医たちである。こうしたジェンダーの力学は、事務職の領域では違っており、植民地では二〇世紀半ばまで、事務職は男性の領域だった。この場合、インドにやってきたイギリス人の女性事務員は、教育を受けた現地人男性を解任、あるいは監督することで、敵意に満ちた反応をひきおこした(59)。

二〇世紀までは、イギリス植民地省が、植民地政府が設けた役職を埋めるべく、訓練された男女を組織的に提供する役割を担ってきた。やがて「エリザベス女王海外看護制度」とよばれるようになる組織の展開は、植民地のヨーロッパ人女性にとって専門職の重要な供給源の一例である。海外看護協会[*16]は、モーリシャスの政府役人の妻であったレディ・フランシス・ピゴットの発案ではじまり、一八九六年、最初の二人の看護婦が、個人看護のためにモーリシャスへ向かった。当初、同協会から派遣された看護婦はヨーロッパ人しか看なかったが、しだいにその役割を変え、現地人の面倒をみたり、現地人の女性を看護婦として訓練したりするようになった。世紀転換期に細々とはじまったその活動は、しだいに規模を拡大し、一九二五年には植民地に派遣された看護婦の数は一〇〇人を超え、一九四九年までには二三〇人に達し

(59) Borthwick (1984), pp. 326, 330–31.

*16 レディ・ピゴットから寄付された数百ポンドをもとに設立された「植民地看護協会」(Colonial Nursing Association) のこと。看護婦の応募条件は、イギリス国内で病院勤務経験が三年以上あることと助産婦の資格があること。当初、看護婦たちはもっぱら、「白人の墓場」とよばれた西アフリカに派遣されている。

た。一九六〇年代半ばまでには、八四〇〇人（おそらくその圧倒的多数が女性である）が、看護婦として海外で働いていた。(60)

伝統的に女性の仕事ではなかった分野にさえ、植民地医療制度（ＣＨＳ）が重要な就職の機会を提供していた。シスリ・ウィリアムズ医師の経歴には、女性差別と、全人的で人間中心の健康管理にたいする責任、という二つの問題が重なっている。一八九三年、ジャマイカの大農園主の家に生まれたウィリアムズは、貧民への配慮と医学への関心をともに膨らませていった。第一次世界大戦で男性医師が足りなくなったことが、彼女に幸いした。女性にも医学校への入学が認められるようになったのである。一九二三年、オクスフォード大学を卒業した最初の女性内科医のなかに、彼女の姿もあった。イギリスで医者の仕事につこうとしたウィリアムズだが、女性であるがゆえの差別にぶつかり、まずはギリシャで働いたあと、最終的にＣＨＳに加わり、ゴールド・コーストに派遣されることになった。ＣＨＳにおいてさえも、女性はいくつかの問題に直面した。男性の退職年齢が六五歳であったのにたいして、女性は五五歳だった。財政状態が悪くなると、女医はまっさきに解雇され、雇われるのはいちばん最後だった。しかも女医は、基本的に福祉活動家として雇われた。インド人女性同様、アフリカ人女性も、男性の診察を拒絶したからである。ウィリアムズは医学的な診断に鋭い感覚をみが

(60) Udell (1949), pp. 23 – 24; "Historical Survey 1896 – 1966," *Annual Report 1966*, Overseas Nursing Association, Rhodes House, British Empire MSS 400/Box 131, pp. 4-9. こうした資料のコピーを提供してくれたヘレン・カラウェイに感謝したい。Birkett, Dea (1992), pp. 177–88も参照。

き、クワシオルコル[*17]が蛋白質不足の状態であることをつきとめた。医学界がその存在を理解する二五年も前の話である。やがて「一次医療[*18]」とよばれるようになる分野の草分け的存在として、ウィリアムズは、アフリカ人の女性や子どもたちとともに、総合的な環境と予防のための健康管理について語りあった。上司と対立してマラヤに異動させられた彼女は、日本軍の捕虜収容所で三年半をすごした。一九四八年、その業績を認められたウィリアムズは、新設された世界保健機構（ＷＨＯ）の母子医療保険局の初代局長[*19]となっている(61)。

第二次世界大戦後、イギリス政府は植民地の仕事に女性の採用をふやした。この増員は、本国のためになるという理由で植民地化を正当化していたイデオロギーから、信託統治と「ネイティヴ」の生活改善に力点をおくイデオロギーへの転換と一致していた（この「よりよき植民地主義」を支えた人類学者の役割については後述する）。イギリスのフェミニストからの圧力で、一九三八年、植民地省は女性の入省を認めた（ほかの官僚職では、一九一九年にすでに女性が採用されていた）。この変化にはかなり女性差別的なジョークがつきまとったが、それは、ときの植民地相と事務次官（二人とも独身だった）が植民地省をどういう立場に追い込んでいるか、まるでわかっていないということだった。女性の入省は年に二～四人しかいなかったため、批判

(61) Baumslag (1986), pp. 5–32; Dally (1968).

＊17　熱帯、亜熱帯各地の乳幼児にみられる栄養不良の状態で、水腫、腹のふくれ、皮膚の赤色化などの症状を特徴とする。消化困難なとうもろこしの食事からおこり、ビタミン、タンパク質不足と関係がある。
＊18　最初に受ける初期診療のこと。
＊19　一九四八～五一年、このポストを務めたウィリアムズは、その後、母親教育、ならびに家族計画へと活動の重心を移した。

する人たちも、女性がとって代わりつつあるとは思いもしなかった。[62] 植民地官僚制度が女性に開かれたからといって、一九〇一年に創設された植民地役人のための会員制クラブ、コロナ・クラブ[*20]までが、彼女たちに開放されたわけではなかった。一九三七年、女性版コロナ・クラブが設立されたが、おもしろいことに、そのクラブは、男性のクラブにも似た年に一度の晩餐会以上に機能を広げ、さまざまな国で社会福祉事業をおこなう支部を開設した。その過程で、女性たちのクラブは、ただ〔現地人社会との〕境界線を設定するのみならず、社会福祉にかかわっていることを立証したのである。

統計には、植民地省のこうした政策転換がはっきりとみてとれる。一九二二~四三年の間に、八三人の女性が教育職に、七二人が医者として、二一八九人が看護婦として、八人がさまざまな資格で、イギリスの植民地にやってきた。一九四七~四九年の二年間だけをとってみても、九〇人の女性が教育職につき、一一〇人がさまざまな社会福祉活動にたずさわっていた。数字は、第二次世界大戦後、現地人の女性や少女たちに教育の機会が広く開かれたことを示している(いぜんとしてその数はかなり低かったにしても)。比較できるような数字は提示できないものの、男性の数が女性よりずっと多く、ずっと権威のある役職についていたことははっきりしている。一九四〇年代までに、秘書のような決まりきった仕事には、イギリス人ではなく現地人が

(62) Callaway (1987), pp. 139–42.

採用されるようになり、それによって、家父長制的な労働区分が認めてきたひとつのカテゴリーに白人女性を雇用することができなくなった(63)。女性の行政管理職が植民地官僚制度に認められるようになるのは、ほかの役職や関連部局とは対照的に、ようやく一九四四年になってからの話、すなわち、戦時の人材不足から、試験的かつ短期契約で女性が指名されたときのことでしかない。植民地時代が終わりつつあることがはっきりしはじめた一九五〇年代、アフリカでは女性行政官がふえた。このときまでに、植民地官僚は将来の見込みがないとの恐れから、男性の希望者がほとんどいなくなった。さらに、女性行政官は、権力を握りつつあるアフリカ人男性とイギリス人男性行政官との緩衝剤の役割もはたした。植民地行政官らは、過去にアフリカ人のリーダーが現れると、場合によって、投獄ないし教育的指導をおこなってきたのであった(64)。

女性の家事使用人が植民地にイギリス文明を確保すべく採用されたように、植民地官僚として女性を採用するに際しても、文明化にはたす女性の役割と、現地人女性にたいする彼女たちの特別な使命とが、つぎのように強調された。

女性は、自分には大きな責任と価値ある目標があるのだと感じながら、

(63) Jeffries (1949), pp. 151–52.

(64) Callaway (1987), pp. 143–45. アフリカ独立時、六五〇〇人のイギリス人植民地官僚がいたが、その数を英連邦開発事業団に吸収することはできなかった。Alexander (1983), p. 3.

＊20　一九〇一年、時の植民地相ジヨセフ・チェンバレン（一八九五〜一九〇三年在職）によって設立された植民地行政官たちのクラブ。チェンバレンは、それまで外務省、インド省と比べて格下の感があった植民地省を「格上げ」することに尽力したことで知られるが、このクラブはそのシンボル的存在といえよう。主な活動は、休暇中、あるいは引退した植民地行政官三〇〇〜四〇〇人が、ロンドンで年に一度、一同に会して食事をするというものだった。

海外に赴かなければならない。われわれの文明のなかで最高のものをその国の女性たちに与える際に、そして、自分たち自身の考え方や文明のなかにある価値あるすべてのことを理解し、勧めようとするときに。……家庭、家政、衣服、音楽、芸術、文学、スポーツ――これらすべてが、あらゆる人種の女性たちのあいだに、ほんとうの友情と理解への道を開いてくれるのだ[65]。

ここでは、植民地官僚についた多くの女性たちのなかから、女性の伝統的な役割に限ったものではあるが、つぎの二つの例をあげておけばじゅうぶんだろう。ひとつは、集団としての女性に深くかかわる事例である〈現地人女性の生活を改善しようとしたヨーロッパ人女性の活躍については、第IV章で話すことにしよう〉。グラディス・プラマーは、シルヴィア・リース‐ロスに代わって〔ナイジェリア〕南部諸州担当の女性教育官となり、一九三一年、ナイジェリアに赴任した。ここで彼女は、成人女性、ならびに少女の教育を体系的に調整し、ミッション・スクールがそれまで定めていた水準を引き上げるよう、先頭に立って指導に努めた。事務所にひきこもることなく、彼女自身が、一四歳の現地人助手とともに、在職期間の三分の二に相当する時間をその地方をくまなく回ることに費やしている。一九四五年、一四年間の激

(65) Colonial Service Recruitment, No. 9, March 1945, "Appointments for Women" より。引用は、Jeffries (1949), p. 157。

務ののち、彼女に認められたのは教育局長代理（女性職）でしかなかった。[66]〔もうひとつの〕より個人的な事例は、『個人秘書（女性）とゴールド・コースト』に出てくるエリカ・パウエルの話である。彼女は、一九五二〜六六年にかけて、ガーナが独立へと向かう時期、そして独立後も、クワメ・ンクルマ〔エンクルマ〕[*21]のために働いた。戦後、「当時、イギリスより緑色の濃い木陰がわずかにある草原とばかり思っていた」アメリカへの移住を希望していた彼女は、移民資金を稼ぐ目的で、一年だけ秘書の仕事をしようと思っていた。[67]アフリカでもっともナショナリスト的なリーダーとの出会いが彼女の想像力を捕らえて離さず、〔けっきょく〕彼女は、エンクルマがクーデタで失脚するまで、彼のために働きつづけたのであった。

　本国で機能していたのと同じジェンダーによる役割区分が、植民地でも〔女性の〕雇用機会を制限していた。女性の基本的な責務は、主婦であり妻であるという役割にあり、そして程度は多少劣るが、母であることにあった。専門職として、女性が本気で取り組めたのは、男性とは競合しない領域——すなわち、女性の健康や教育を扱う領域であった。労働者階級の女性たちが目を向けたのは、典型的な一九世紀の職業である家事使用人と売春婦であった。〔植民地が〕ヨーロッパと違っていたのは、そうした職業本来の性

（66）彼女は、一九五二年まで〔ナイジェリアに〕滞在した。Jeffries (1949), p. 160. 補足的な資料は、Callaway (1987), chap 5. 他の伝記的な素描は、Allen (1979)。

（67）Powell, E. (1984), p. 1.

＊21 （一九〇九〜七二年）一九世紀末、アメリカやカリブ海域のアフリカ系知識人が提唱しはじめたパン・アフリカニズム——アフリカ人、アフリカ系人の主体性回復、アフリカの歴史的復権と、独立と統一をめざす運動——のリーダー。この運動のリーダーシップを、アメリカ系黒人からアフリカ人に移管することに大きな貢献があった。一九五七年、ガーナ独立とともに初代首相、六〇年の共和制移行で初代大統領。六六年の軍事クーデタで失脚。

質ではなく、〔本国よりも〕容易にそうした職業に手が届いたことだった。いったん植民地に渡ってしまえば、移民たちは、冒険とか、一般に本国よりは高い生活水準といったなかに、付加的な恩恵をみいだしたのであった。

III

情報と政策の仲介者

——旅行家、著述家、学者、行政官

駕籠に乗った女流作家

Mrs. Fred Maturin (Edith Cecil-Porch), *Adventures beyond the Zambezi of the O'Flaherty, the Insular Miss, the Soldier Man and the Rebel Woman* (London: Eveleigh Nash, 1913) より.

情報の統制は、帝国主義のひとつの特徴である。それは、植民地化した者たちが植民地化された人びとについての情報を集めることであり、植民地化された人びとには、情報の流れやその情報が使われるコンテクストを管理する権力や資力など、まずなかった。ヨーロッパ人女性は、本国の読者向けに植民地世界にかんする情報を集め、それを広めた。そのなかには、帝国の拡大に好意的な雰囲気をつくりだそうとしたものもあれば、現地人側、あるいはヨーロッパ人の植民地役人側にあると思われる悪弊に人びとの注意を向けようとしたものもあった。植民地政策がその土地の事柄に介入を深めるにつれて、行政統治には政策の指針となる科学的な情報が必要だった。ヴィーナ・ダスは、この新しい知識のかたちをつぎのように描写している。

行政上の知識、［それは］人びとの諸権利をめぐる諸問題にも、神と人間の法の本質にも本気でかかわる必要などなく、国家そのものに努力を傾注すればよかった。……そうした知識の進歩のために一群の経験的方法が生みだされ、民族の歴史や地理、気候や人口統計を扱う学問は、たんなる好奇心の対象であるだけでなく、知識と権力の新しい複合体に必要な要素となった(1)。

こうしたさまざまな方法で、ヨーロッパ人の著作家たちは、現地人について、ヨーロッパ人一般の公式見解を仲介していた。植民地化された人びとのあいだで暮らす人は、その逆方向に知識を橋渡しし、ヨーロッパの文化と社会を〔現地人に〕伝える情報源となった。物書きの女性たちは、文化交流の過程で中心的な役割を演じながら、自分たちの行動を制限しようとする家父長制的な規範や制度と闘わねばならなかった。彼女たちは、それぞれのやりかたで、すでに述べたメムサーヒブのように、経歴や個人の成長といった植民地が与えてくれる好機と折り合いをつけていた。とはいえ、こうした好機が与えられたのは、男性領域として定義されたコンテクストにおいてであった。

一九世紀前半、一般読者にとってインドにかんする貴重な情報源となっていたのは、公刊された手紙や小説であった。エミリ・エデンと妹のファ

(1) フーコーにならって、Das (1986), pp. 58–76。

ニーは、一八三六年から四二年まで、総督としてインド各地をめぐる兄に同行し、ファースト・レディとしての役目をはたした。エミリの著作『奥地へ《アップ・ザ・カントリー》』（一八六六年）は、大反乱[*1]以前のインドを、いささか独断的ではあるが、色彩豊かに描きだしている。フローラ・アニー・スティールの小説『海上にて』には、一八五七年のセポイの反乱にかんする未公開の史料を使った研究が組み込まれていた。出版から三三年以上、この本はとぎれることなく版を重ね、いまなお売れつづけている。[(2)] のちには、モード・ダイヴァーの『インドのイギリス女性』のような著作が植民地時代のインドを描いた。彼女たちは、インド暮らしのあいだに資料を集めているが、ジャンルとしての旅行記に拍車がかかったのは、探検の数がふえる一九世紀末のことだった。

　一八七〇年以降、それまで以上に多くの女性が国外へ、それもますます遠くへと旅するようになった。「大半が中年で、健康でないこともしばしばだったが、彼女たちの道徳と知性の水準はきわめて高く、恐ろしいほどの数の旅行記を〔書き〕残した」と、ある史家は述べている。[(3)] なかには裕福な女性もいた。ラテン・アメリカやアメリカ合衆国、アジアやアフリカの植物画を描いたマリアンヌ・ノース[*2]はそのひとりである。莫大な財産を相続し、ナイル川を遡り、スーダン西部を旅したオランダ人女性、アレクサンドリン・テ

（2）Eden (1983); Powell, V. (1981), chap 11, p. 98.
（3）Middleton (1965), p. 3.

＊1　（一八五七～五八年）イギリスは、セポイ（インド傭兵を意味するシパーヒーの日本語への転訛）の反乱とよび、傭兵だけの決起のように表現したが、実際には、ムガール皇帝から農民まで広くインド社会の各層をまきこんだ反乱であり、インドの民族運動ととらえられている。

＊2　（一八三〇～九〇年）ジャマイカ、ブラジル、カナダ、日本、シンガポール、ボルネオ、インド、オーストラリア、ニュージーランド、南アフリカなど、ほぼ全世界を旅し、八〇〇枚あまりの植物の油絵を残した。世界じゅうの植物の収集をめざした王立キュー植物園の園長、ジョセフ・フッカーは彼女の友人。その関係から、一八八二年、彼女自身の資金で同植物園内にノース・ギャラリーが開設され、彼女の絵画が展示されて現在にいたっている。

インネ[*3]の場合は、裕福であったことが身を滅ぼす結果を招いた。彼女は、遊牧民トゥアレグの略奪によって殺されたのである。西アフリカを旅したメアリ・キングズリは、現地の人びとと取引しながら旅費を捻出した。ナイル川上流へ向かう旅にかの有名な夫サミュエルをともなったフロレンス・ベイカー[*4]のような既婚女性もいれば、キングズリやノース、そして宣教師兼旅行家としてナイジェリアに渡ったメアリ・スレッサー[*5]のように独身をとおした女性もいた[(4)]。

ヴィクトリア時代の男性の記述と比べると、女性たちの旅の語りは、支配よりも発見に気持ちが向けられている。女性たちは、遠方の地を悲惨な状況で旅したが、ヨーロッパ人未踏の地を探検したわけではなかった。彼女たちは、たったひとりのヨーロッパ人として、あるいは夫とともに、旅する傾向にあったが、ますます大規模かつ複雑化する男たちの遠征隊に参加したわけではなかった[(5)]。旅の話として、男たちはふつう「ロマンス、もしくは悲劇を求めて」ペンを走らせたが、女たちがつくりあげたのは「長編叙事詩《オデッセイ》」であった。男性作家は、目標（ナイル川の水源とか、行方不明の宣教師デイヴィッド・リヴィングストン[*6]とか）を追い求めるか、さもなくばこんな調子であった。「危険な大陸――しばしば女性として受けとめられた――に遭遇した。[われわれの]意志の力で屈服させなければならない」。それとは対照的に、

（4） Oliver (1982), pp. 50–75, 76–94; Middleton (1965), p. 6; Stevenson (1982).

（5） Middleton (1965), p. 3.

（6） Stevenson (1982), pp. 8, 160; Frank (1986b), pp. 67–93; Blake (1990), pp. 347–55も参照。

（7） Frank (1986b), pp. 71, 83.

＊3 （一八三五〜六九年）ハーグ生まれ。三〇歳で莫大な遺産を相続し、ヨーロッパ諸国や北米を旅したのち、一八六二年、三〇〇人の現地人、一〇〇頭を超すラクダ、羊や家禽類を引き連れて、姉、叔母とともにナイル川を遡る旅に出た。六八年にはヨーロッパ人女性初のサハラ砂漠横断の旅に向かうが、翌年トゥアレグに襲撃され、殺された。

＊4 ハンガリー生まれ。生没年不明。トルコの奴隷市場で競売にかけられていたところを、サミュエル・ベイカー（一八二一〜九三年）に救われ、一八六〇年に結婚。以後、アルバート湖（モブツ湖）の発見、命

「女性の旅行家たちは……対立や支配ではなく、和解作戦を展開し、自分たちが発見した大陸やそこに住む諸民族、彼ら独特の精神について、さまざまな要素を豊かにとりいれながら、おおらかな〔まとまりのない〕構成の話〔を書いた〕(6)」のである。

　こうした女性の旅行家たちは、ジェンダーをめぐるヴィクトリア時代の規範に挑戦しているように思われるし、多くの点で「新しい女性《ニュー・ウーマン》」の先駆けとしての役割をはたした。事実、彼女たちは、アフリカ人と接するとき、自分は彼らより優れた人種であるという意識をつうじて、ヴィクトリア時代のジェンダー規範の多くから解放されたのである。「ビビ・ブワナ（「女先生」）」といった言葉でよびかけられると、女性たちは、ヨーロッパ人男性がもっている特権が自分にもあるのだと思ったし、現地の人びともそう思っていた(7)。しかしながら、女性のジェンダー上の役割をいくつか軽視していたからだろう。彼女たちは、それ以外のヴィクトリア時代の決まり事は注意深く守っている。彼女たちは、旅への関心を、自己実現ではなく、人の役にたつという観点から表現した。彼女たちはきまって、いかにもヴィクトリア時代風の衣装を身につけており、登山のときでさえ、たいていスカートをはいていた。メアリ・キングズリはこう主張している。降り注ぐ雨のなかでは、ぐっしょりと濡れたブラウスをとおして、コルセットを締める紐として使った黒い靴

名を筆頭に、サミュエルの業績の影にはかならず彼女の姿があった。

＊5　（一八四八〜一九一五年）スコットランド、アバディーンの労働者家庭に生まれる。リヴィングストンの死に強く影響され、一八七五年、統一プレスビテリアン協会の宣教師として、ナイジェリア南東部の港町カラバルに渡る。奥地で現地人と同じ状態で暮らしながら、一貫して現地女性をとりまく環境改善に尽力した。ナイジェリア総督ルガードの進言で、一九一三年、エルサレムの聖ヨハネ病院勲章が授与された。本書第IV章を参照。

＊6　（一八一三〜七三年）一八四一年、ロンドン伝道協会の医療伝道師として南アフリカに派遣されるが、当時空白だった南部アフリカの地理的な発見に関心を抱き、探検の旅に出る。五〇年、ザンベジ川上流から西へ向かい、五六年、ヨーロッパ人としてはじめてアフリカ大陸横断に成功した。ヴィクトリア滝、ニヤサ湖（現マラウィ湖）などをつぎつぎ

紐が透けて見えてしまうから、同行する男性の後ろを歩かなければならない。(8) これらの女性たちは、服装だけでなく、物腰やスタイルについても、社会の慣習から逸脱しないように注意を払った。しばしば、彼女たちの作品には、自分を卑下する表現――「私だけ（only me）」調《モード》がにじみ出ていた。それによって、彼女たちは、自分自身の勇気、および自分たちがぶつかった物理的な試練とを、控えめに表現していたのである。(9)

ヴィクトリア時代の女性旅行家は、〔学術的〕上層で偏見に直面した。多くの遠征を後援し、旅行者たちの科学的な報告書を審査するイギリス王立地理学協会*7は、一八三〇年の創設から一九六五年までのあいだに、女性にはわずか五つの金メダルしか与えていない。同協会が女性会員を認めたのは、ようやく一八九二年になってからのことであった。それ以前、ある高名な男性探検家が保証人となっていたにもかかわらず、同協会は、ナイル川を旅したアレクサンドリン・ティンネを名誉会員にすることを拒んだのである。(10)

差別を経験しつつも、イギリス本国で芽ばえはじめたフェミニスト運動に加わった女性旅行家はほとんどいなかった。熱心なフェミニストで、「有名な世界旅行家、偉大なる狩猟家、従軍記者、著述家、［そして］講演家」であったフロレンス・ダグラス・ディクシー*8は、女性であるがゆえにぶつかる限界をはっきり意識していた。それでも彼女は、著書『不幸な国で』のなか

(8) Middleton (1965), p. 8.
(9) Stevenson (1982), p. 161; Frank (1986b), pp. 76–77.
(10) Middleton (1965), p. 11; Frank (1986b), p. 84.
(11) Stevenson (1982), pp. 41, 66–73.
(12) Stevenson (1982), pp. 138–44, 87–95.

と「発見」して命名するが、ナイル川水源の探求途中で消息不明となり、ヘンリ・H・スタンリーによりタンガニーカ湖畔ウジジで発見。このニュースは欧米じゅうを沸かせた。ザンビア中東部での彼の死は、イギリス全土にミッション・フィーヴァーを巻きおこした。

*7 イギリスの学術団体。ナイル川の源流を求める旅はじめ、地理的発見の可能性のあるさまざまな探検や冒険に資金援助し、その功績を評価して金メダル（Patron's Gold Medal）を授与した。また帰国した探検家の講演やスライド上映会など

で、女性にかんするみずからの過激な政治見解より、南アフリカにおける帝国主義政策批判という目的を優先させたのであった[11]。

アフリカを旅したもっとも有名な女性、メアリ・キングズリ[*9]は、女性としての経験とフェミニズムとの関係について、とりわけ興味深く、かつ複雑な研究素材を提供してくれる。彼女の文章は、男性の声と女性の声とのあいだを行ったり来たりしており、彼女自身のあいまいさを示している。すなわち、心の内面を抑制する男性の声と、社会的に女性として容認されうる控えめな声とが、交互に登場するのである[12]。知識人の家庭に育ちながらも、キングズリは独学せねばならなかった。実際、閉じこもっていたイングランドから彼女が飛び出したのは、一八九二年に両親が亡くなり、従順な娘としての役割が終わってからのことだった。つづく八年間、彼女は西アフリカを旅し、アフリカの宗教や魚にかんする研究を著作にまとめ、西アフリカのイギリス貿易商人を支持して、植民地省にたいして主たるロビイストとしての役割をはたした。

メアリ・キングズリが提案した西アフリカ支配は、植民地省の政策を批判してはいたが、アフリカ人の立場に立ったものではなかった。それどころか、彼女は、一八九九年の著作のなかで、西アフリカの支配は商人たちに任せるべきだと提唱している。一八八〇年代に戻れ、というわけだ。彼女は、

を主催し、新しい知識や情報をイギリス社会に広める活動を展開した。

＊8 （一八五七～一九〇五年）第七代クィンズベリ侯爵の次女。一八七五年、サー・ボーモン・ディクシーと結婚。二児をもうけるが、旅への情熱は制しがたく、その後もパタゴニアやアフリカ各地を旅し、旅行記を残した。七九年、ズールー戦争に『モーニング・ポスト』紙初の女性従軍記者として派遣され、帰国後、ズールー王セテワヨの解放と帰還に尽くした。結婚、離婚にかんしても女性の地位向上をめざす活動をくりひろげた。

＊9 （一八六二～一九〇〇年）貴族の侍医として世界じゅうを旅した父ジョージの影響で人類学的な関心にめざめた。叔父は、ヴィクトリア時代のキリスト教社会主義者として知られる評論家のチャールズ・キングズリ。一八九三年から九五年にかけて二度、西アフリカを旅したことで、西アフリカ支配をめぐる議論の矢面に立たされることになった。

宣教師による〔アフリカ人〕教育についても、植民地行政がアフリカ人に一定の仕事を創出したことにも、貨幣制度や鉄道建設にも、なにかしら異議を唱えた。これらはもちろん、イギリスのアフリカ侵入を促進する活動であるが、彼女がその大義を擁護した貿易商人たちもまた、アフリカ大陸を搾取していたのである。こうした見方があるにせよ、彼女が書いた『西アフリカの旅』と『西アフリカ研究』は、アフリカ文化の価値と完成度の高さに向かって、人びとの心を開いたのであった(13)。

　女性の本質についてのキングズリの考え方は、ヨーロッパ人とは種属が違うという、彼女のアフリカ人観と似ていた。いわく、「偉大なる女性は、精神的にも肉体的にも、凡庸な男性をしのぐ。だが、ほんとうに偉大な男性と同等の女性はいない(14)」。キングズリのアフリカの旅がそれまでの伝統にないことははっきりしていたが、彼女は、自分の行動を女性解放の証《あかし》と考える新聞記事を非難し、声高に、自分は男性のイギリス商人に頼っていたのだと語り、家庭内の雑用に費やす時間にもふれた。彼女は、婦人参政権反対と同様に、女性が男性の学術団体に入ることにも反対だった。キングズリの伝記を著したキャスリーン・フランクは、こうした彼女の態度を、自分がまったく「女らしくないこと」を恐れていた証拠とみなしている。

(13) Flint (1963), pp. 100, 104; Kingsley (1965); Kingsley (1964). フランクは、キングズリやほかの女性たちが見せた偏見を重視せずに、女性の旅行作家は「アフリカについて男性が書いた記述の大部分をだめにしている、悪意に満ちた人種差別主義を拒絶した」と述べている。Frank (1986b), p. 73.

(14) 引用は、Flint (1963), p. 100; Stevenson (1982), p. 143; Birkett, Deborah (1987), pp. 10–16も参照。

夫も子どももいなかったメアリは、彼女を新しい女性《ニュー・ウーマン》とよぶ人びとから自分を守るために、料理のことや、アフリカでは「優れた性〔＝男性〕」に頼っていたことなどをひきあいに出した。しかしながら、当然のこととはいえ、彼女はあまりにも多く、あまりにも長く、抗議しすぎた。それゆえに、彼女の抗議は、また別のかたちで、公と私、名声と孤独との裂け目をあらわにしてしまったのである。不断の葛藤と内なる分裂――これが以後、彼女の人生を特徴づけることになった(15)。

一九〇〇年、キングズリは、ボーア人の戦争捕虜を看護中、腸チフスに感染し、南アフリカで亡くなった。

フェミニズムについてはせいぜいのところどっちつかずだった女性旅行家の大半も、帝国の枠組みは受け入れ、全員が、帝国主義が産みおとした文化的傲慢さを表明していた。キングズリは、イギリスの大衆にたいしてはアフリカ人の代弁者という役割を演じたが、彼女が代弁したのは「程度ではなく、種属において「白人より」劣る」アフリカ人であり、宣教師や植民地省の干渉から守ってあげなければならないアフリカ人であった(16)。この驕りを別のかたちで表現した女性もいた。フロレンス・ダグラス・ディクシーは、ズールーの王セテワヨ*10のために尽くしたが、彼女は現実にはズールーのことは

(15) Frank (1986a), pp. 209, 256-57.

(16) Flint (1963), p. 100.

*10 （一八二五年ごろ～八四年）一九世紀に南アフリカ東海岸部で栄えたズールー王国の王。一八七三年に王位につき、七九年、イギリス軍の侵入を阻止するが、半年後、さらに大規模なイギリス軍の攻撃にさらされ、捕虜となった。以後、ズールーは一三の小部族に分割、統治されることになる。八六年にはセテワヨの息子が蜂起し、短期間ながら共和国（一八八六～九七年）を樹立している。

ほとんど何も知らなかったし、オランダ人の子孫であるボーア人については型どおりのイギリス的偏見をもっていた。同様に、マリアンヌ・ノースは、彼女が出会ったブラジル人奴隷にも、南アフリカの「ズールー愛好家《ラヴァー》」にも、共感を覚えなかった。[17] こうしたヴィクトリア時代の旅行家たちは、時代が求めたジェンダー規範を、無視しながらも強化していた。同じように矛盾に満ちたやりかたで、女性たちは、自分たちの社会の自民族中心主義をくりかえしながら、帝国政策のさまざまな側面に疑問を投げかけ、人びとの心を非ヨーロッパ世界へと開いていった。

　植民地政策や植民地支配と直接関係する仕事をした女性に目を転じる前に、アフリカやアジアで働き、その地域についての著作を残すことが人生で中心的な位置を占めた四人の女性についてみておくのも興味深いだろう。そのうちの二人は、ケニアで暮らし、最近になって再発見されたヨーロッパ人女性である。カレン・ブリクセン（アイザック・ディネーセン）は、デンマークから移民してコーヒー栽培をし、自分の人生やアフリカ人との交流の話を残した。そこには、家父長制的な調子があるにせよ、〔アフリカ人にたいして〕かなりの共感が示されている。ブリクセンの再評価は、ケニアへの観光客を刺激したものの、彼女の著作自体がアフリカに直接影響をおよぼすことはまったくなかった。逆に、ケニアが、彼女のなかの芸術性を刺激する風

（17）Middleton（1965），p. 69; Stevenson（1982），pp. 67–70.

景と手ごたえとを与えたのであった[18]。

似たようなやりかたで、ケニアは、ブリクセンの同時代人（そして、白人狩猟引率者デニス・フィンチ＝ハットンをめぐる恋のライヴァルでもあった）ベリル・マーカム[*11]の人生にとっても刺激となった。マーカムは、一九三六年、ロンドンから北アメリカへの初の単独大西洋横断飛行（それ以前の記録はアイルランドからのものだった）を達成するとともに、東から西へ飛行した最初の女性として名声を博した。彼女は、その飛行歴のなかで性差別に直面した。当時、女性には、ハルトゥームにある王立英国空軍本部からの許可がなければ、スーダン上空の単独飛行が禁じられていたのである。「その裁定のなかに理性より勇敢さ」をみいだしたマーカムは、ナイロビからロンドンまで六回、（許可をとって）単独飛行をした[19]。近年彼女が再発見されたのは、女性飛行家としての業績とともに、それを記録した『夜とともに西へ』のせいである。アーネスト・ヘミングウェイは、彼女のこの回想録を絶賛している。マーカムは、母のいない、古いしきたりに縛られない少女時代をケニアで送った。自由に探検したり、マサイの隣人と歩き回ったり、ライオンに襲われて九死に一生を得たり、といった行動が、東アフリカで手がける単独大西洋横断飛行の大奮闘を準備したことはまちがいない。大人になると、彼女は、馬を調教したり、飛行機で遠隔地に医薬品を運んだり、上空から動

(18) Dinesen (1938); Thurman (1982).

(19) Markham (1983), p. 249; Lovell (1987).

*11 （一九〇二〜八六年）イギリスの名家に生まれ、競争馬を飼育、調教する父に同行してケニアで育つ。父の死後、アフリカで女性初の競争馬調教ライセンスを取得。その後、一九三六年、東から西へと逆風のなか、女性としてはじめて、無着陸で約二一時間半の単独大西洋横断飛行に成功した。自叙伝『夜とともに西へ』（野中邦子訳、角川書店、一九九九年）を参照。三度の結婚をはじめ、数々のスキャンダルについては、エロル・トレビンスキ（田中融二訳）『愛を奪った女ベリル・マーカム』（新潮社、一九九六年）に詳しい。

物の群れを見つけてサファリの狩猟家らに教えたりしながら、生計を立てた。マーカムは、一九三六年までケニアで暮らし、さらに一九五六年から亡くなる八六年までをケニアですごしたが、彼女の世界は白人コミュニティの世界であった。彼女の人生と著作は、アフリカという環境が個人の人生に重要な影響を与えたことを語ってくれるが、アフリカ人について重要なことはほとんど何もいっていないし、アフリカへの影響も——そのようなものがあったとしてだが——ほとんどなかった。

この二人とは対照的に、つぎに紹介する二人の学者の人生は、女性の著作がどの程度、ある地域とその人びとと同一視されるようになるかを示してくれる。ステラ・クラムリッシュは、一九世紀末のモラヴィアで生まれ、インド芸術の専門家となり、ヒンドゥー文化にどっぷり浸かった。一九二〇年代、彼女は、教鞭をとっていたカルカッタ大学の学部で唯一のヨーロッパ人、唯一の女性であるがゆえの敵意にぶつかった。彼女は、アメリカでヒンドゥー芸術にかんする著作を執筆しつづけ、一九八二年、インド芸術にかんする学術的な貢献を認められ、インド政府からパドマ・ブシャン賞を授与されている。[20]

メアリ・リーキィの経歴には、文化とはいわないまでも、場所への愛着が示されている。リーキィは、一九五九年、現在のタンザニアのオルドヴァイ

(20) Miller, ed. (1983).

峡谷でジンジャントロプス[*12]を発見したことで知られる（より正確には、化石を発見したのはリーキィだったが、発見者の栄誉を与えられたのは夫ルイスだった）。この発見は人びとの想像力をかきたてた。一九三〇年代、彼女は、宣教師であった夫ルイス・リーキィ一家が深く根をおろしていたケニアで、ルイスといっしょになった。化石学への彼女の学問的な関心はルイスとの関係から発展したが、後年、二人の関係はきまずくなった。ケニアに一時的にしか滞在しなかったブリクセンやマーカムとは違って、メアリ・リーキィは、仕事も家族も、ケニアに深く埋め込まれていた(21)。

こうした四人の女性の活動ならびに著作は、アフリカやアジアにかんする情報を、西欧の一般読者や現地・ヨーロッパ双方の研究者に広めるのに役だった。しかし、彼女たちの仕事が、植民地政策や現地の人びとの生活に直接影響を与えることはなかった。

それに比べて、一九世紀末、ジャーナリストのフローラ・ショウ[*13]ほど植民地情勢に影響を与えた著述家もいないだろう。彼女の著作は、帝国の拡大を醸成する環境を育んだ。ショウは、『タイムズ』の編集主幹に植民地のことをもっと紙面に載せなければならないと確信させた。その仕事に最適任のジャーナリストとして植民地省が彼女を推薦したとき、編集主幹が彼女にいった言葉はこうだった。「君が男なら、明日にでも『タイムズ』の植民地部《コロニアル》・

(21) Leakey (1984), chaps. 9, 11, and 12.

＊12 約二〇〇万年前に棲息したと推定される原人。
＊13 （一八五八〜一九二六年）アイルランドでイギリス系アイルランド人上流家庭に生まれ育つ。一八九三〜一九〇〇年、『タイムズ』の植民地部編集主幹を務めた。「南アフリカの巨人」といわれたケープ植民地相セシル・ローズとの親しい関係から、一八九五年末におこったボーア人共和国への国境侵犯事件、いわゆるジェイムスン侵入事件への関与が疑われ、議会で証人喚問されている。ルガード（第Ⅰ章の＊10参照）と結婚してナイジェリアに向かうが、心身を病んで早々に帰国し、イギリス国内で夫ルガードを間接統治の父とする伝説構築のために活動した。

編集主幹《エディター》だろう」(22)。三年後、彼女はこのジェンダー差別を克服して植民地部の編集主幹となり、その後七年間この職にあった。仕事をつうじて、彼女は広く旅した。一九〇二年、ショウはルガード卿と結婚する。ルガードは、イギリスの「間接統治」政策、すなわち現地人の役人と現地のヒエラルキーを利用した支配方法を編みだしたことで知られる。結婚の年、フローラはナイジェリアに渡った。彼女こそ、〔ナイジェリアという〕現在の名前の名づけ親である。しかし、ナイジェリアは彼女が求める刺激を与えてはくれず、診断不能の病気を患った彼女は、けっきょくロンドンに戻らざるをえなかった。ロンドンで彼女は、ルガード伝説の宣伝に生涯を捧げた。その後、彼女が執筆した作品のなかに、北部ナイジェリアについての『熱帯保護領』(一九〇五年)がある。

宣教師として、あるいはルガード卿ほど有名ではない植民地役人の妻として、女性たちはときに民族誌家となり、現地人集団の習俗や制度を体系だって研究した。シルヴィア・リース-ロスは、植民地行政官の夫が一九〇七年にナイジェリアに着任した翌年に亡くなったのちも、ナイジェリアへの関心を失わなかった。兄とともにナイジェリアにとどまるには正式な理由が必要だった(女性があちこちを放浪することは許されなかった)ので、彼女はフラニ語を学ぶことにした。ヨーロッパに戻った彼女は、パリの高名な学者、

(22) Bell (1947), p. 92; また、ヘレン・カラウェイとドロシー・O・ヘリーは、とりわけ、ショウの公的な見解と私的な生活の相互作用を探究している。Callaway and Helly (1992), pp. 79–97.

(23) Leith–Ross (1983); Leith–Ross ([1921?]); Leith–Ross (1967); Leith–Ross (1970).

*14 一九二九年、ナイジェリア東南部で、間接統治のやりかたをめぐっておこった現地人の反乱で、公式

モーリス・ドラフォスのもとで勉強し、第一次世界大戦後、実用的な『フラニ文法』を出版した。彼女は残りの人生を定期的にナイジェリアですごした。一九二六〜三一年、彼女は初の女性教育局長を務め、その後も少女たちの教育を支援しつづけた。一九三四年、マーガレット・グリーンとともにナイジェリアに戻った彼女は、女たちの戦争[*14]の根底にある原因の究明にあたった。女たちの戦争とは、一九二九年、ナイジェリア東部でおこった一連の大騒動であり、行政上の「諸改革」の引き金となった事件である（残念ながら、その諸改革が、抗議に参加した女性たちをひどい目にあわせることになる）。このときの成果が、リース‐ロスの『アフリカの女たち――ナイジェリア、イボ[*15]の研究』の公刊である。一九五六年、彼女は招かれてふたたびナイジェリアに戻り、ジョス博物館のために陶器の収集と目録作りをおこなった。そのときの努力が、『ナイジェリアの陶器』という著作につながった。このように、ナイジェリアのことを書く著述家というリース‐ロスの経歴は、変革を、とりわけ女子教育に変革を求める彼女の思いと交差していた(23)。

初期の女性民族誌家の多くは、リース‐ロスのように、正式な研究訓練を受ける利点に恵まれなかった。夫が人類学の教育を受けていた場合でさえ、女性たちはみな、実質的にアマチュアとして物を書いた。こうした著作には、E・ドーラ・アーシィの『ヴァレンジの女性たち』（一九三三年[*16]）や、

*14 には「アバの反乱」として知られている。シルヴィア・リース‐ロスは、この反乱のなかに、植民地化以前、伝統的に保持してきた女性の権力をむりやり縮小しようとする植民地政府にたいする、イボ、イビビオ女性の抵抗を読みこんだ。

*15 ナイジェリア南東部の熱帯森林地帯に暮らす民族。北のフラニ、ハウサ、西のヨルバとともに、現在のナイジェリアを構成する主要民族のひとつ。ハウサとの対立に石油採掘利権が絡み、一九六七年七月から七〇年一月にかけて、ナイジェリア連邦（当時）からの分離独立を求める戦い、いわゆるビアフラ戦争をおこすが、敗北した。

*16 一九一七〜三〇年、海外福音普及協会の宣教師を務めたアーシィは、その後、ウィットウォータースランド大学のバントゥー研究調査委員会から補助金を得て、半年間、バントゥー系の民族であるヴァレンジの女性たちの社会的、経済的な生活をフィールド調査した。

D・アモリー・タルボットの『未開女性の神秘』(一九一五年)などがある。[*24]

研究をまとめるとき、アーシィは、すでに一三年間にわたってポルトガル領東アフリカ(現在のモザンビーク)のヴァレンジのなかで宣教師を務めていた。彼女は、自分の著作を「人類学者の仕事と宣教師の仕事とがいかに密接に関連しあっているか」を示す証拠と考えた。ヴァレンジの人びととその文化を尊重しつつも、アーシィは、「キリスト教と教育に共感を抱く政府」の役割は、「その民族に新しい生命を吹き込む不老不死の薬を提供する[こと]」だと考えていた。(25) アーシィとタルボットは、女性たちの伝統や風習を記録するよう勧められた。その地の風習によって、男性の民族誌家が女性たちの営みに近づくことが禁じられていたからである。ナイジェリア南東部において、南部諸州を担当する地方官だった夫の立場ゆえに、タルボットは妹といっしょに夫のメモ書きを清書していた。イビビオ[*17]の女性儀礼を記録する話をもちかけられたのはそんなときだった。彼女は遠慮がちにこう記している。「[夫と]別々に物を書くという考えは、それまで私設秘書としてしか行動したことのない者にしてみれば、まるで、インク立てから出てひとりで物を書きなさいといわれたペンのごとく、青天の霹靂のように思われました」(26)。

二〇世紀の第1四半期、女性の視点をもつことへの関心は二つの刺激からきていた。ひとつは、政治的・社会的な慣習に異議を唱えるヨーロッパのフ

(24) Jones (1974), p. 283; たとえば、タルボットについては以下で議論する。

(25) Earthy (1968), pp. vii–viii, 239.

(26) Talbot (1968), p. 2; ジョーンズは、P・A・タルボットをすばらしいアマチュア民族誌家と認め、「彼の最初の妻の本」にふれている。Jones (1974), p. 283.

エミニズムがうながした知的な問いかけである。第一次世界大戦前、イギリスで婦人参政権運動が高まるなか、執筆中のタルボットが気づいたのは、世間が「フェミニスト運動」をどう考えようとも、女性たちが動きつつあることだった。彼女は、現地人女性について研究する重要性を感じた理由をこう語っている。「どうやって未開の女性たちががんばり抜いたかを、ときおりふりかえって観察すること。あるいは、彼女たちが立ち上がって男たちを支配したり、彼らの足下に屈服したりといったさまざまな段階があるなかで、どの段階について依然調査が必要であるかを知ること。こういうことは、われわれの役に立つように思われます」[27]。二つ目の刺激は社会を全体として見ようとする人類学の主張に由来しており、女性の役割を体系的に研究する動きに〔これまで以上の〕妥当性を与えていた。

人類学の著作の多くにみられる男性的偏見は、人類学もまた、広義のヨーロッパ社会が有する家父長制的なものの見方を避けられなかった証拠である。きっと有名になっていたにちがいない女性のなかにも、そういう見方をした人がいた。オーストラリアのアボリジニとともに五〇年をすごしたデイジー・ベイツは、著名な同僚、A・ラドクリフ＝ブラウン*18に資料を盗用された。アマチュア民族誌家としてのすばらしさがじゅうぶんに認められたわけではなかったが、アボリジニにかんする知識へのベイツの貢献は多大であっ

(27) Talbot (1968), p. 239.

＊17 ナイジェリア南東部の少数民族。

＊18 (一八八一～一九五五年) イギリスの社会人類学者。一九〇八年、一八世紀イギリスの流刑地、インド洋上に浮かぶアンダマン諸島を調査。一九一六～一九年、トンガ王国教育長官、ケープタウン大学、シドニー大学で人類学講座の初代教授を歴任。シカゴ大学を経て、三七年からオクスフォード大学人類学講座の初代教授。三九～四二年、王立人類学協会会長。代表作は『西大西洋の遠洋航海者』(一九二二年)。一九一〇年、アボリジニの婚姻体系にかんする調査にデイジー・ベイツを同行したが、口論のあげく、彼女を調査隊からはずしている。

た。アボリジニへの共感から、彼女は彼らの社会を内側から描くことができたのである。矛盾した行動だと思われるかもしれないが、彼女はアボリジニの大義名分を擁護するとともに、イギリス統治の恩恵も信じていた(28)。人類学における男性支配のもうひとつの側面は、男性人類学者によって書かれた名著の序文を概観してみればわかるだろう。〔現地の〕女性にかんする情報に貢献したのは圧倒的に人類学者の妻たちであったが、彼女たちは、タイトル・ページではなく、序文のなかで感謝されたにとどまる(29)。

こうした男性的偏見にもかかわらず、一学問分野としての人類学は、すぐれた女性を驚くほど高い割合で輩出して発展した。女性にとってのこのチャンスは、一部には（女性の人類学者が全員、女性の問題に焦点をあてたわけではなかったにせよ）、女性民族誌家が情報提供者である現地人女性に近づきやすかったことを反映している。さらには、学問の神殿にあって比較的新参者である人類学が、学問の世界で成功する、あるいは少なくとも参加するのに必要な教育に女性の手が届くようになったときに登場した、という事情もあった。一八九〇年代のメアリ・キングズリのような独学の探検家とは違い、新世代の女性人類学者たちは大学で学んだのである。

アフリカの植民地行政における著名なイギリスの女性人類学者や女性教師の業績は、行政上の問題としっかりと結びついていた。それは、部分的に

(28) Rohrlich-Leavitt, Sykes, and Weatherford (1975), pp. 124-26; Bates (1967).

(29) GERTRUDE (1977), pp. 177-87は、英仏の著作を概観している。この降格は、組み込まれた妻という彼女たちの身分の結果である。

(30) 学問的な訓練を受けた初のフランス女性人類学者、ドゥニーズ・ポームとドゥボラ・リフシズは、一九三〇年代にアフリカを訪れた。言語学者のリフシズはアウシュヴィッツの強制収容所で殺されたが、ポームは研究を続行し、ほかの著作とともに、ヨーロッパ人によるアフリカ人女性にかんする有名な論文集を比較的早期に（一九六〇年）出版した。一九〇九年生まれのポームは、アフリカに親しみながら成長した。彼女の父は仏領西アフリカの海運会社に勤めており、そのせいで彼女は、最初の一〇年間、父が別の職務をひきうけるまで、パリで親戚といっしょに暮らした。彼女は最初は秘書として働き、それから民族学の課程（人

は、イギリスとフランスにおける人類学の強調点が違っていたせいだった(30)。イギリス人女性をアフリカ人類学の領域にひきつけたのは、一九三〇年代のアフリカの食糧生産危機であった。生存のための生産活動の責任の多くを引き受けていたのがアフリカ人女性だったことから、研究の力点が女性と結婚におかれたのである。この領域では、女性研究者がとくに必要だと思われた(31)。

デイム・マージェリ・ペラム*19は、自分は、さほどはっきりとした目的もないままにアフリカと植民地行政の研究をはじめ、やがて教えるようになったと、遠慮がちに述べている。子どものころ、彼女は狩猟家になりたいと思っていた。「しかし、子どもにとって、当時の女の子にとって、〔二〇世紀への〕世紀の変わり目にアフリカに行ってどんな希望をもちえたでしょう。とりわけ、狩猟家になるという希望など、もてるはずもありませんでした(32)」。彼女のアフリカへの関心は、直接の焦点をみいだせなかった。彼女は熱心な学生ではなかったが、オクスフォード大学で学び、第一次世界大戦後は復員軍人を教えた。自分の研究、そしてシェフィールド大学初の女性講師という立場からくる心労で神経がまいってしまった彼女は、ソマリアにいる妹を訪ねた。妹の夫はニュージーランド人で、ソマリアの郡長官を務めていた。ペラムは、みずからロマンティックな幻想と認めるものに熱中するかたわら、

間の文化の研究）をみつけてライフワークとした。一九三五年、彼女とリフシズは西スーダンを旅し、ポームは博士論文のためのデータを収集した。フランスに戻ると、ポームは、博物館のために資料収集の仕事をするかたわら、自分の研究をつづけた。Paulme (1977), pp. 7–12; Paulme (1979), pp. 9–17. ポームは、パリのアフリカ口承文学資料館、ならびに、社会科学高等研究院のアフリカ研究センターに所属している〔一九九八年に死去〕。

(31) これはマルシア・ライトからの個人的な情報である。南部アフリカで活躍した女性人類学者については、Gaitskell (1983b), "Introduction," pp. 1–6.

(32) Perham (1974), p. 15.

*19 （一八九五〜一九八二年）アフリカ問題の専門家。ソマリア（当時のソマリランド）での休養期間に植民地統治への関心を強くし、間接統治を分析した『ナイジェリアのネ

小説を執筆した。彼女が生涯かかわることになる植民地行政という学問分野が、まだ存在しなかったからである。実際、彼女は後年、この分野を大学の研究課程として設置するのを助けた。ペラムは、一九二四年にオクスフォード大学で教鞭をとりはじめ、二人の有名な帝国史の教授に強烈な印象を与え、一九二九年、ローズ海外派遣フェローシップ*20を受けて、「その土地の問題、すなわち肌の色の問題――当時の学術研究のなかでもっとも知られていないテーマ(33)」を研究した。彼女は、アフリカのさまざまな社会をより効果的に統治するためにみずからの知識を駆使しながら、輝かしい経歴に向かってつき進んでいった。ペラムが男だったら、きっと植民地総督になっていただろう。女性であったために、彼女は、旅にあっても植民地官僚の研修セミナーにおいても、男性行政官のコンサルタントやガイド役だった。すなわち、彼女は「帝国建設者たちの建設者」だったのである(34)。

当時のほかの学問研究と同じく、ペラムの研究でも、植民地化する側とされる側との不平等な関係が容認されていた。ペラムの視点は、最高の衣装をまとった植民地主義がもつ家父長主義《パターナリズム》を代弁するものであり、宣教師たちの努力を植民地化のプロセスと結びつけてつぎのように書いている。

> 私は植民者の態度をつぶさに調べた。自分たちには統治方法を展開する

(33) Perham (1974), p. 27.

(34) Kirk-Greene (1982), p. 139; ペラムの旅と観察にかんするより個人的な意見については、Perham (1983) を参照。伝記的情報については、Kirk-Greene (1983), "Introduction" を参照。ローラ・ボイルが一九一六～一七年のゴールドコースト滞在日記を公刊しようと決めたのは、資料を求めるペラムに応えてのことであった。Boyle (1968), "Preface."

時間が無制限にあると、彼らはそう信じていた――われわれの地区に最終的な自治を――あまり急がずに――与える準備をする必要があるという認識が広がっていった――そのとき、独立への激しい動きにあわてふためく。アフリカ人の友人や教え子たちが、一夜にして、大臣や長官、そして国家の長にまでなったのである。とはいえ、この突然の結末も、帝国主義の歴史やわれわれが併合したアフリカ人の性格を歴史的にバランスよく判断すれば、つまるところ、われわれの植民地支配は、アフリカにたいして計り知れない本質的な貢献をしたのだという私の見解を変えることはなかった。いまではあまり流行らない考え方ではあっても、だ。［再訓練課程で教えた植民地行政官たちから私が学んだことは、］アフリカと彼らの仕事についてだけではなく、行政官たちがアフリカに与えた献身の精神であった。それ以外にアフリカで学んだこと――それは、キリスト教宣教師の無私の活動である。私は、キリスト教を受け入れることのできる人びとに宣教師が与えた信仰こそ、もっとも貴重な仕事であることがきっと証明されるだろうと思うようになった。[35]

ペラムのもとに、多くの著名なイギリスの女性社会人類学者たちが合流した。彼女たちのアフリカ社会にかんする研究が、この地域の人類学理論と民

(35) Perham (1974), pp. 27–28.

イティヴ統治』（一九三七年）によって、一躍アフリカ統治問題の権威とみられるようになった。その後もアフリカを中心にひんぱんに視察旅行にでかける一方、オクスフォード大学植民地（現英連邦）問題研究所の設立にも尽力した。

*20 セシル・ローズの遺言を受けてオクスフォード大学に設置されたローズ財団運営の学術交流プログラム。オクスフォード大学の教員に植民地での調査、研究を奨励する。

族誌研究の基礎となっている。[36]

ルーシー・メア博士は、著書『アフリカの現地政策』（一九三六年）のなかで、植民地行政の分野で人類学がはたした役割を解説している。この本が出版されたとき、ロンドン・スクール・オブ・エコノミクス（LSE）で植民地行政担当の講師をしていたメア博士はこう書いている。社会人類学は、「ある人間社会が、ずっと進んだ発展段階にある異質の文化によって侵略されたときに発生する諸問題」と取り組んでいる、と。[37] 結果的に、それは、帝国主義（「文化の接触《カルチャー・コンタクト》」）によって生みだされた問題の解決に役だつ。なぜなら、「植民地権力がとる手法の特徴とは、もっぱら、そのような〔文化的〕適応過程が存在することにも、社会の諸制度《インスティテューション》と所与の社会システムが提供しなければならない環境とのあいだに関係があることにも、まったく気づかないことだった」[38] からである。さらに、西欧の諸価値や諸制度の優越性を「うたがいもなく信じる」と、植民地化された人びとの文化は無視されてしまう。植民地行政の「聖なる信託《トラスト》」とは、「人間社会を慎重に操作すること」なのである。[39] メア博士はさらに話を進め、つぎのように問題の核心を浮かびあがらせる。ヨーロッパ人の入植を認めるかどうか。白人入植者にアフリカ人労働者を提供するのか、それとも自作農を推奨するべきか。土地利用をどうやって決め、ネイティヴによる行政をどのように発展させていくの

（36）これらについては、Gaitskell (1983b), "Introduction" を参照。

（37）Mair (1969), p. 3.

（38）Mair (1969), pp. 5–6.

（39）Mair (1969), p. 6.

か。メア博士は、植民地支配に不可避的につきまとう〔現地〕社会の配置転換をうまくおこなうためには、アフリカ社会を理解すべきであると強調する。人類学の研究は、特定の愚かしい政策に異議を唱えても、植民地支配の枠組みそのものに反対するわけではない。興味深いことに、人類学の研究は、女性や女性の経験を行政官が直面する問題として扱っていないのである。

イギリスの人類学者のなかには、社会問題への関心と女性への関心とを結びつけた人もいた。オードリ・リチャーズは、現在のザンビアの現地人にかんする民族誌の基本的な記述をたくさん残している。なかでも『チズング』[*21]は、女性のライフ・サイクルとかかわる諸儀礼についての最高研究のひとつに数えられている[(40)]。にもかかわらず、彼女の経歴評価には、人類学そのものへの根本的な批判として受け取ったほうがいいようなことも含まれていた。彼女の回想録を書いたあるヨーロッパ人の人類学者は、リチャーズの信念と研究の特徴を、つぎのように語っている。

彼女は、権力についている者が社会変化の過程でおこるさまざまな問題をより効率的に解決するのに必要な知識を、自分が提供していると思っていた。こうした問題を解決するために正しい情報を与えられた政府の

(40) Richards, A. T. (1956).

＊21 女性のライフ・サイクルと関係する儀礼の名称。

意志と権力とを、今日当たり前に思う以上に彼女が信じていたとしても、彼女は無自覚のままその道具になったわけではなかった。最初から彼女は、明解でない言葉はいっさい使わず、たとえば、ベンバ[*22]を近代化しようとしてもよくない結果を招くだけである、と指摘したのである[41]。

だが、あるアフリカ人は、リチャーズの著作をこう攻撃する。「植民地税を支払う金を稼ぐために、ベンバの男の四〇～六〇パーセントが、ヨーロッパ人が所有する鉱山に送られた。自分の意志に反したこうした人の動きには、新手の大量虐殺を思わせる含みがあるが、ベンバの栄養状態の悪化を論じた彼女の古典的研究（一九三九年）では、このことがまったく考慮されていない。それどころか、ベンバの文化のあらゆる側面が非難されている[42]」。

一九世紀末にひとつの学問分野として登場した人類学は、分析のメスが入る以前の帝国主義がもっていた露骨な自民族中心主義を一歩越えたことを示していた。植民地行政官たちは、現地人に自己認識を育むという理由から、人類学を最左翼のイデオロギーではないかと怪しんだ[43]。たしかに、人類学者の多くは、現地の人びととの苦境を強調し、彼らの状況改善を求めた。しかしながら、人びとが直面している問題の根っこに植民地支配そのものがあると考えた人類学者はほとんどいなかった。人類学的分析は、植民地化された民

(41) La Fontaine (1985), p. 201.

(42) 強調は原文。Onoge (1979), p. 53. オノゲはメアやほかの人たちも批判している。

(43) Turner (1971), "Introduction," pp. 1-2.

(44) Asad (1979), p. 90. この著作全体が人類学への批判の多くを映し

族の解放ではなく、彼らの統治に役だつものだった。それゆえに、一学問領域としての人類学は、新たに独立したアフリカでは追放となったのである。タラル・アサド[*23]はこう述べている。

社会人類学が植民地時代の開始に特色ある一学問分野として登場し、植民地時代の終焉近くに学問上の専門職として花開くようになったこと、すなわち、植民地時代をつうじて、社会人類学が、ヨーロッパ勢力によって支配された非ヨーロッパ社会についての描写と分析——ヨーロッパの聴衆のためにヨーロッパ人によっておこなわれた——に努めてきたこと、それは議論するまでもない[(44)]。

植民地時代の間も、その後も、人類学にたいして出された批判を、女性人類学者も同じように引き受けねばならなかった。

主婦であり母であった白人女性が、帝国に住まう白人を、生物学上、日々再生産することで帝国の維持と発展に役だったとすれば、本章で描いた女性の多くは、イデオロギーの面で帝国の再生産を助けていた。彼女たちが、どの程度、どういった種類の自民族中心主義を表明したかは、彼女たちのあいだでも、また同時代人と比べても、差があったことはたしかであり、その差

だしている。

＊22　ザンビア北部に居住する中央バントゥー系の部族。かつて奴隷や象牙の交易で繁栄した王国を形成していたが、セシル・ローズの南アフリカ会社によって周辺の銅山が独占されて以後、衰退した。

＊23　サウジアラビア生まれのイギリスの社会人類学者アサドは、「文化の翻訳」という概念を鋭く追求し、こう述べている。「力の弱い言語は、強い言語から多様な知識をまなばねばならないだけでなく、多数の様式をまねし再生産せねばならない。こうした様式をめぐる知識は、ある場合にはさらなる知識を生む前提になるし、別の場合にはそれ自体が目的化し、力をまねるそぶりとなり、変換を望む表現となっている」（アサド「イギリス社会人類学における文化の翻訳という概念」J・クリフォード／G・マーカス編〔春日直樹ほか訳〕『文化を書く』紀伊國屋書店、一九九六年、二九〇頁）。

が問題だった。とはいえ、帝国運営のための権力ある地位に女性がいなかったにもかかわらず、白人女性が別のやりかたで帝国を支えていたこともまた、あきらかである。キングズリは「伝統的な」アフリカ人像を提起したが、彼らは（ヨーロッパ商人との接触を除けば）放っておかれるのが一番だった。ショウは、『タイムズ』の記事をつうじて帝国のさまざまな利害とその拡大とを促進し、ペラムとメアは、植民地役人である男たちに植民地のより効率的な行政とは何かを教え、助言した。民族誌家は、学問的な訓練経験があろうがアマチュアだろうが、現地人を客観的に観察し、彼らを支配する植民地政府に役だつ情報を伝えた。こうした女性たちはみな、自分がたずさわった仕事（メディアや学問諸領域、植民地行政）のなかで、男性が規定し、支配する構造ゆえの束縛を経験していた。しかしながら、彼女たちの積極的な姿勢は、帝国は「男性空間」であるという考え方がいかにイデオロギーのうえで根深いものなのか、理解する助けとなるだろう。帝国に白人女性がいなかったわけではない。彼女たちは従属的な存在だったのである。

植民地行政や人類学の領域に女性が進出しはじめたにもかかわらず、政府の政策は、きわめて多くの場合、現地人女性をとりまく状況を無視していた。[45] 植民地政府は、女性の教育については通常なんらかの政策を展開したが、それは例外的なことであり、女性の役割をめぐる「諸改革」と関連する

（45）Strobel（1979）, chap 4; Barthel（1985）, pp. 137–54.

問題は、ヨーロッパ人女性に託された。次章では、彼女たちの奮闘を検証することにしよう。

IV

宣教師、改革者、そして現地人女性の地位

YWCA世界連盟インド代表リラヴァティ・シンと，
ラクナウの女子大学前学長イザベラ・トバーン

Rev. C. F. Andrews, *The Renaissance in India, Its Missionary Aspect* (London: Church Missionary Society, 1912), facing p. 206より (Northwestern University Library 所蔵).

ヨーロッパ人がアフリカやアジアを植民地化するときには、低いと理解されていた現地人女性の身分が「文明」の指標としてしばしば使われた。一八一八年、イギリスの知識人で功利主義者のジェイムズ・ミル[*1]は、著書『英領インド史』のなかで、ヒンドゥー女性の身分を描くコンテクストにおいて、この見解をつぎのようにはっきりと口にしている。

女性の状態は、諸国民《ネイション》のふるまいにもっともはっきりと現れる事柄のひとつである。女性の地位は、未開の人びとのあいだで一般に低く、文明人のあいだでは高い。……女性が高い地位を享受できるように社会が洗練され、その文明状態、〔すなわち〕……身体よりも精神の資質が高く評価される状態へと向上すれば、弱いほうの性〔すなわち女性〕の状態もしだいによくなり、ついには、男性と対等の立場でつきあい、みず

＊1　〔一七七三〜一八三六年〕イギリスの古典派経済学者、歴史家、哲学者。ベンサムの功利主義に強い影響を受け、長男のジョン・ステュアートを含む若い世代にたいして、哲学的急進主義とよばれる運動のリーダー的役割をはたした。『英領インド史』〔全三巻、一八一七〜一八一八年〕の出版により、一八一九年、東インド会社に就職し、その死まで奉職した。

からすすんで有能な助手の位置を占めるようになるだろう。[1]

この考え方が、ヨーロッパ人の男女が現地人女性のためにした多くの努力の基盤となっていた。彼らの努力を分析する前に、〔文明と女性の地位という〕この一組の前提についてもっと慎重に考えてみよう。ミルの見解によれば、低いところから高いところへ女性の地位が向上することは「文明」の発展と関係していた。彼は、当時の非西欧社会や古代ヨーロッパ社会から女性の地位が低かった例を選び、一方に「文明」の勃興と技術的な変化を、もう一方に女性の地位をおいて、両者の関係をほのめかした。フェミニストの人類学者や歴史家が提唱するのは、その逆である。すなわち、狩猟・採集社会の多くでは、労働区分が産業社会ほど厳密なものではなく、女性はより自立的でより大きな権力を行使していたというのである。[2] しかしながら、ミルがより巧妙だったのは、ヨーロッパ社会における女性の地位の高さを測るものさしとして、一方に〔女性の〕地位の向上を、もう一方に男性との対等関係をおく、というカテゴリーを破壊したことである。一般に、フェミニストの研究者たちは、一九世紀には女性の地位の向上とともに彼女たちにエンパワーメントがもたらされたという考え方に異議を唱え、逆に、その考え方が、女性の選択範囲を家庭と家族とに限定し、権威ある公的な役割から女性を合法的

(1) Mill (1968), pp. 309–10. ヴィーナ・ダスは、インド人女性についてつくられた植民地の知識が植民地支配を正当化するためにどのように役だったかを議論している。Das (1986), pp. 58–76.

(2) たとえば、Shostak (1981) を参照。

(3) このように女性が手段として使われたことは、ヴィクトリア時代の改革者たちに限られたことではない。今日の開発政策にはかなりの程度女性が含まれているが、それもしばしば手段として使えるという理由

に排除したのだと主張する。しかも、〔地位向上という〕台座の上にあがることができたのは、上流階級ならびにミドルクラスの女性でしかなかった。

文明の指標として女性の地位を用いることで、改革の矛先は、女性自身のためではなく、女性を道具として使う方向へとかんたんに逸らされてしまった。その理論的根拠は、女子教育をめぐる議論のなかに現れる。すなわち、子どもを社会化するのは女性の役割だから、女性を教育することは未来の世代を教育することになる、というわけだ(3)。ヨーロッパ人女性は、ときに自民族中心主義をヨーロッパ人男性と共有し、恩着せがましく母権《マターナリスティック》的に行動したが、女性自身の運命を改善しようとのめり込んだことから、男性以上に、現地人女性の現状改革を推進したこともあっただろう(4)。

宣教師と改革者たちの活動は、外部から社会変化をおこす道徳上の妥当性、ならびに「人道的な」仕事と帝国主義との関係をめぐって、根本的な問題を提起した。その一方で、そうした人道的な努力は、帝国主義のプロセスであるとともに、ヨーロッパの経済的・政治的利害にひきつけて現地人社会に手を加える作業の一部でもあった。それゆえに、アフリカ人の土地から金や銅を掠《かす》め取ることと、植民地行政のなかで事務員として働ける少数の現地人エリートを教育することとのあいだに本質的な違いはほとんどない、と結論されるかもしれない。あるいは、奴隷主であるアフリカ奥地の部族長のも

からである。たとえば、女性には人口増加をコントロールするために避妊法が提供されるが、それはかならずしも、個人としての女性に自身の再生産をコントロールする力を与えたことにはならない。また、女性たちには、飢饉や食料供給などの問題解決のために新しい農業技術が教えられるが、それによってかならずしも、家族の男性メンバーにたいする女性の経済的依存度が下がるわけではない。開発をめぐる広範な文献については、とりわけ **Benería and Sen** (1982), pp. 157–76を参照されたい。

(4) 改革諸問題へのベンガル女性の参加を議論しながら、メレディス・ボースウィックは、女性は、その目的の役にたたなかったと指摘する。女性たちと諸改革との関係は、[男性に比べて] かなり個人的なものであり、影響も大きく、男性にはめったにみられない「直接性と緊急性」を表明したのだった。**Borthwick** (1984), p. 44.

とを逃げ出した奴隷のために村を作ろうと努力するなかで、宣教師は現地人にヴィクトリア時代のお上品ぶりを押しつけたとか、あげくの果てには、そもそも奴隷貿易にはずみをつけたのはヨーロッパの経済発展ではないか、などといわれるかもしれない。しかし、こうした単純な判断は、その核心がなんであれ、歴史の複雑さと弁証法的展開とを無視している。

帝国主義が、ヨーロッパ側の要請にしたがって、現地人の発展と歴史を歪めたことはまちがいない。しかしながら、現地社会は、独自の抑圧のかたちを生みだしていた。女性たちは、インドのサティ[*2]（夫の葬儀用に積まれた薪の上で未亡人を焼く儀式）、あるいは、アフリカの一部でおこなわれている女性性器切除[*3]（クリトリスの一部、もしくは全部の除去）や陰部封鎖（処女性や純潔を守るために外陰を縫合すること）といった現地慣習に苦しめられた。現地の「伝統的な」文化に存在するものなら何にでも価値を認めるという文化相対主義の姿勢では、現地社会の多くがジェンダーや年齢、あるいは富によって分断され、階層化されているという事実が無視されてしまう。ある特定の社会における文化のかたちは、その特定の時点における力関係——夫と妻、部族長とその臣民、奴隷主と奴隷——を具現化し、合法化している。そして、概念としての「伝統的な」文化は、現地の権力者と植民地役人の双方によって、かなり操作されていたのである。[(5)]

(5) Chanock (1985).
(6) Jayaweera (1990), pp. 323-31.

*2 寡婦焚死。夫の死に殉じて火中に身を投じる「貞女」（サティ）の意味。夫の火葬時、生きたまま未亡人を焼く慣習であり、一九世紀、とくにベンガル州で流行した。これにたいして、一八二九年、まずベンガル州に廃止令が出され、五六年にはヒンドゥー寡婦再婚の許可が法令化された。

*3 Female Genital Mutilation（FGM）は、エジプトやスーダン、ケニア、ソマリアといったアフリカ諸国、ならびに一部中東でおこなわれている。女性の性欲を抑制し、性器の縫合によって処女性を保証するというのが目的で、早ければ五歳、遅くとも一〇歳までに手術するのが一般的であるが、手術時の痛みや出血死はもちろん、術後も、悪性の細菌による炎症、発病などの危険性が

ときにヨーロッパ人は、男性も女性も、こうした状況や、植民地政府と現地人との関係に介入しようとした。多少傲慢ながらも、ヨーロッパ人は、自分たちはその土地の人びとを助けてあげているのだと思っていた。多くの場合、ヨーロッパ人の介入は、変わろうとする地元の努力とあいまって、結果的に、〔現地の〕女性たちに具体的な改善策をもたらした。女性が焼かれたり、性器を切除されたりすることは以前よりは少なくなった。同時に、こうした改革によって、現地人はますます西欧文化に共感を覚え、自分たちの文化を軽蔑するようになっていった。具体的な恩恵を与えたり、選択の幅を広げたりすることに加えて、女性に西欧流の世俗教育を押し進めることは、西欧流の教育を受けたエリートを創りだすことをつうじて、現地社会の階層をつくりなおすことでもあった[6]。このように、外部からひきおこされた改革のプロセスそのものは、文化帝国主義[*4]の一部としてとらえることができるだろう。多くの場合、こうした諸改革は植民地主義を批判することなく遂行されたために、女性の問題は、現地のさまざまな関係と植民地の搾取やジェンダーとかかわる抑圧との相互作用の結果としてはとらえられず、現地の家父長制的諸関係の産物としかみなされなかった。

宣教師たちは、アフリカや英領インド、太平洋諸島において、公式の植民

高い。また、出産時に母子ともに危険な状態になることもあり、女性の身体をさまざまに傷つけるものである。アフリカ系アメリカ人作家、アリス・ウォーカーは、小説『喜びの秘密』（一九九二年）のなかでこの儀礼を描き、フェミニストによる廃止運動に大きなはずみをつけた。現地でも女性たちがこの儀礼に反対する運動をつづけているが、それにたいして、この儀礼を「伝統文化」とみなす人びとはもちろん、欧米の価値観の押しつけに反発するアフリカ人フェミニストからも反論が寄せられており、問題を複雑化している。

＊4　一九六〇年代に生まれた批評用語であり、ジョン・トムリンソンの『文化帝国主義』（一九九一年）により、包括的な概念として展開された。帝国主義は、経済的、政治的な意味合い以上に、文化的領域へ浸透するものだとして、無目的に拡大しつづける資本主義を批判し、文化的な世界の画一化、グローバリゼーションへの警鐘を鳴らした。

地政府の先をいっていた。彼らは、植民地化された人びとと帝国の中心《メトロポール》を文化的に結びつけることによって、互いに影響を及ぼしあった〔現地の〕人びとの社会と文化をバラバラにし、変質させるのに決定的な役割をはたした。こうした文化的な変容なくして、植民地支配を押し進めることなどできなかっただろう。女性たちは、家族の面倒をみる者、「文明化する者」といったジェンダーにもとづく役割をつうじて、帝国主義の文化的側面と積極的にかかわっていた。

宣教師が植民地を訪れた時期はさまざまであった。一八一三年以降、宣教師は、インドのイギリス支配地域に自由に入れるようになった(7)。彼らのアフリカ進出はもっと早く、一五世紀末から一六世紀初頭にかけて、ポルトガル人がコンゴ王国*5と接触したときにはじまっている。しかし、一九世紀、〔宣教師にとってアフリカ行きの〕刺激となったのは、英語圏の人びとにアフリカ内部でおこなわれていた奴隷貿易の恐ろしさと悲惨さとを伝えた、一八五〇年代のデイヴィッド・リヴィングストンの旅であった。

新たに改宗すべき地域が〔海外に〕開かれる一方、一九世紀のイギリス国内では、福音主義のプロテスタントたちがすさまじい信仰の復活*6を経験していた。個人の信仰の誓いを強調し、社会正義の問題と結びついたこの宗教運動は、とりわけ奴隷貿易の廃止をめぐって国内でかなりの政治的影響力を行

(7) Ballhatchet (1980), p. 144.

(8) Allen, ed. (1976), caption

使するようになった。しかしながら、アフリカ奴隷貿易やヒンドゥー未亡人の殉死慣習が現実に減ったこととへの関心ともあいまって、宣教師たちが示した自民族中心主義が、ほかのヨーロッパ人のものとまったく矛盾していたわけでもなかった。かといって、宣教師が植民地政府の共犯というわけではない。事実、彼らはたびたび植民地政策に異論を唱えている。植民地政府が、平和維持の必要性を意識して、その土地の風習に立ち入りたくないと思ったところで、宣教師たちは、性器切除のような慣習をめぐり、議論をふっかけた。宣教師たちは魂や信仰の問題とかかわっていたために、ある意味、〔植民地政府以上に〕現地の文化によりいっそう踏み込んだ。宣教師にも自民族中心主義的な考え方があったが、彼らは、自分たちより特権を与えられていた行政官とは異なり、キリスト教改宗者のすぐ近くで、物理的には彼らと同じ状態で生活していた。この生活ぶりが、たとえばインドでは社会的ヒエラルキーとぶつかり、宣教師たちをヨーロッパ人コミュニティのなかで孤立させた。[8] 繊細な神経の持ち主のなかには、現地人のあいだで暮らしたことから、西欧の優越という自身の考えを疑問視する宣教師もいた。

アフリカ人やアジア人の側でも、キリスト教への改宗の動機はさまざまであった。奴隷や下位カーストの人びとのなかには、キリスト教のコミュニティに経済的チャンスと社会的自由をみいだした人もいた。また、〔しばしば

opposite, p. 113.

＊5　一四八二年、ここを訪れたポルトガル人によってヨーロッパに紹介されたコンゴ王国は、ポルトガルとのあいだに友好関係を結んだ。ンジンガ・ンクウ王（在位？～一五〇六年）は、ポルトガル名ジョアン一世を自称し、つづくンジンガ・ムベンバ（在位一五〇六～四五年）もアフォンソ一世を称してカトリック信者となった。彼らは西欧の技術や制度を積極的に導入したが、その背後で、ヨーロッパ人奴隷貿易商人の活動が増長され、大量の黒人が奴隷として強制的に大西洋のかなたへと運ばれていった。

＊6　一八世紀末のイギリスでは、博愛主義的福音主義が復活し、労働者の環境改善や刑務所改革はじめ、多くの社会改革の推進力となった。奴隷貿易や奴隷制度への反対運動、アフリカやアジアへの伝道を展開するミッション協会の設立も、この流れのなかで捉えることができる。

西欧の教育を受ける唯一の機会であった）ミッション教育を、上昇への道と考えた人もいた。現地の宗教に代替する、あるいは現地の宗教を敷衍《ふえん》する信仰体系を〔キリスト教に〕求めた者もいた。現地の宗教では、世界を理路整然と説明することはもはやできないように思われたし、征服と支配のもとで経験した精神的な傷《トラウマ》から人びとを守ることなどとうてい不可能だったからである。

　女性宣教師は、男性の外国人宣教師が現地人女性に近づけないインドのような社会で、特別な役割をはたした。彼女たちは、教育を――上位カーストに属する名家の女性には自宅で、下位カーストの女性には公立学校で――提供しながら、インドの女性たちに手を差しのべた。ベンガル地方では、ザナーナ教育[*7]（家庭内の女性たちの部屋にちなんでそうよばれた）へのもっとも早期の取り組みは一八二〇年代にはじまっている。とはいえ、一八二一年にイギリス内外学校協会[*8]から初の女性教師としてカルカッタに派遣されたウィルソン夫人なる女性の説明によれば、そうした取り組みのなかで二〇年後も存続していたものはわずか二つしかなかった。改宗が成功したのは、もっぱら、ヒンドゥー社会の最周縁部に位置していた集団、すなわち、下位カーストの女性や未亡人たちだった。彼女たちより恵まれたインド人は、宣教師が教育に関心をもつのはもっぱら改宗目的ではないかと勘ぐった。初期女子教育の中身は、キリスト教の教えと手芸が中心だったのである。一八七〇年代までに、女子教育の中身をめぐる議論――家庭科か数学か――があきらかにしたことは、文化帝国主義とジェンダーによる差異化とが、互いに矛盾するものを求めていたことであった。一部、改革者たちは、西欧化したインド人男性にふさわしい妻にするべく、インド人女性に西欧の科目を勉強させようとしたが、教育者たちは、インド人女性を伝統的な役割から切り離すことにならないかと危惧した(9)。

一八九〇年代までには、宣教師兼医者のイギリス人女性がザナーナ・ミッション運動の一環として派遣され、インドに到着した。彼女たちはカリキュラムに医学教育を加えた。エディス・ブラウン博士は、けっきょく三〇年以上もインドにとどまり、「キリスト教徒女性のための北インド医学学校」を設立して、キリスト教徒の女性を看護婦や助手として訓練した。エレン・ファーラー博士はデリー近くに病院を建てている(10)。

女性宣教師たちは、インドでの活動のなかで〈男性に比べると〉はなはだ不利な事態に直面した。医学的な問題で、ひんぱんに早期帰国をよぎなくされたのである。現地の言葉をうまく覚えた女性はほとんどいなかった。独身女性は、ほかのヨーロッパ人から孤立し、気晴らしもつきあいもほとんどない状態で活動していた。既婚、未婚を問わず、女性宣教師たちが苦労したの

(9) Borthwick (1984), pp. 70-84.
(10) Barr (1976), pp. 177-84; 世俗の医師については、Trollope (1983), pp. 91-92.

＊7 ザナーナとは、男性から隔離された女性部屋のこと。一九世紀半ば以降、この空間での学習が、ヨーロッパ人女性宣教師によって推進された。一八六二年にはイギリス国内で「インド普通学校教育協会」が発足し、ザナーナ教育ミッションを送り出したが、改宗という点ではあまり成功しなかった。

＊8 ジョセフ・ランカスタが考案した助教法、モニトリアル・システム（おおぜいの子どもを安い費用で効率的に教える画期的な一斉授業方法）を普及させるために一八一四年に設立された非国教会系の組織で、民衆学校の普及に大きな役割をはたした。

は、〔インド人女性の〕家庭《ザナーナ》にキリスト教を広めることだった。家族の男たちが求めていたのは女性の教育であって、改宗ではなかったからである。女性宣教師は、こうしたその土地の環境に由来する障害に立ち向かうと同時に、教会内部の男性権力にも異議申し立てをしている。(11)

布教活動のなかで中心的な役割をはたしたにもかかわらず、女性宣教師の活動は、彼女たちを監督する教会や伝道協会の家父長制的な構造内部の抑圧のもとにおかれた。たとえば、一八六六年に創設された「異教徒に女子教育を促進する女性協会」は、ザナーナ教育は重要であり、女性たちは自分たちで組織し、教え、給与を支払われるべきであることを、協会の同僚である男性たちに納得させなければならなかった。男性が女性宣教師に望んだのは、キリスト教に改宗した〔現地人〕男性の妻子の教育だったが、この女性協会がめざしたのは、男性宣教師の努力の副産物を改宗することではなく、「純粋な異教徒」の改宗であった。(12) さらに、ユーラシアンのミス・メアリ・ピゴットの国教会伝道協会での経験は、教会の男性的偏見を示すもうひとつの例となろう。一八七〇年代、ミス・ピゴットは、カルカッタでスコットランド教会の孤児およびザナーナ教育関連の活動を統括し、ほかのスコットランド人宣教師やインド人キリスト教徒、そして一般のインド人たちともうまくやっていた。彼女の不幸はウィリアム・ヘイスティ師と衝突したことだった。

(11) Forbes (1986), WS 2-8.

(12) Forbes (1986), pp. 6-7.

この地域にかんする権限は自分にあると思っていたヘイスティ師は、その二つの組織を牛耳っているとして彼女を非難した。自分のもとに下ることを彼女が拒絶すると、ヘイスティ師は、孤児院で働いていたインド人キリスト教徒とのわいせつ行為でミス・ピゴットを告発したが、それ以上に深刻だったのは、ヘイスティ師が、ピゴットはひそかにカトリックに共感を抱いていると訴えたことだろう。六年間におよぶ裁判と教会聴聞会の結果、ミス・ピゴットの嫌疑は晴れた。とはいえ、ヘイスティ師は、裁判で負けたにもかかわらず、グラスゴー大学の神学教授になっている。ミス・ピゴットとヘイスティ師の対立の根底にあったのは、人種偏見であり、性をめぐる不安定さであり、ジェンダーによる役割認識のずれだった。すなわち、彼女がユーラシアンの出身であり、インド人と親しかったことが社会的な境界を侵した、インド人男性はセクシュアリティにかんしてヘイスティ師を脅かした、ミス・ピゴットは彼の行政上の権威にたてついた、というわけである(13)。

アフリカでは、インドのように、キリスト教改宗者のなかで女性の占める割合がとびぬけて高かったわけではないが、女性宣教師は、〈現地の〉女性にたいする取り組みにおいて、とりわけ少女や成人女性にたいする教育の分野で、似たような役割をはたした。彼女たちもまた、ときおり、インドの女性宣教師にも似た障害や差別にぶつかっている。

(13) Ballhatchet (1980), pp. 112-16.

アフリカでもっとも有名なイギリスの女性宣教師、メアリ・スレッサーは、ナイジェリア南東部で四〇年間すごした。彼女の経歴には、自分たちの価値観に合うようにアフリカの文化を変えようとする宣教師がどのような抵抗に直面したか、植民地行政を推進するプロセスで宣教師がはたした役割とはどのようなものだったのかが、はっきり現れている。実際に改宗させた現地人はほとんどいなかったが、スレッサーは、ともに暮らしたエフィクやイビビオに絶大な影響力をもっていた。彼女は、奴隷制、有力者の埋葬に捧げられる人間のいけにえ、毒を用いての罪人判定、儀礼上その誕生が危険視されていた双子の始末、といった現地の慣習に反対した。ニジェール沿岸保護領[*9]の成立とともに、スレッサーはあらためて副領事兼地区判事に指名され、現地の掟を自分なりに解釈し、それにもとづいて裁定を下した。その地域の人びとと同じ状態で生活する彼女が〔裁判に〕関与したことで、相互の信頼と愛情が生まれた。皮肉にも、この関係に助けられて、〔イギリスは〕奴隷貿易に絡んでその土地の重要な神託〔に干渉し、それ〕を武力でやめさせたのち、一九〇一年、植民地支配を拡大したのである。それでも、彼女の努力は、地元の女性たちの生活に重大な変化をもたらしたように思われる。その様子をスレッサーの伝記作家はこう伝えている。

(14) Oliver (1982), p. 134.

(15) Oliver (1982), pp. 95–144.

(16) ホワイト・ファーザーズでは、司祭は一四年ごとに本国への休暇が許可されていたが、修道女たちにはそれがまったく認められていなかった。Oliver (1982), p. xv.

＊9　一八八四～八五年のベルリン会議によりイギリスの勢力が強まったナイジェリア南部では、八九年、ニジェール川流域に「オイル・リヴァーズ保護領」が成立し、九三年、それが「ニジェール沿岸保護領」に改称され、境界線も確定された。その後、一九〇〇年、王立ニジェール会社の特許が停止されると、ここに内陸部を加えた「南部ナイジェリア保護領」が成立し、イギリスの植民地省の管轄下におかれた。一九〇六年には、「ラゴス植民地・保護領」

政府の報告によれば、一九〇七年までに、双子を生んだために離婚されるケースはいたるところで大幅に減少した。それはメアリの影響だと考えられる。彼女が開く法廷は、女性の申し立て人全員を公平に裁くことで知られるようになった。双子の母親のようにひどい扱いを受けてきた女性たちが、自分たちで組合のようなものを作ろうとする兆しさえ見られたのである。(14)

スレッサーが女性の権利を擁護したことは、本国においては、布教活動における女性の役割への支援を広げることになった。(15)

みずからが所属する教会と直接争うようになった女性宣教師はほかにもいる。マザー・ケヴィンとなるテレサ・カーニィ*10は、フランシスコ派の修道女として、一九〇三年、ウガンダに到着し、ホワイト・ファーザーズ*11が組織する伝道コロニーに参加した。(16)この地域に学校や修道院をつくる仕事をしながら、マザー・ケヴィンは、産科学の教育を受けた医療伝道団派遣の必要性をめぐって、カトリックの支配層と意見が食い違うようになった。さまざまな伝道団が競合するなかで、彼女が強く意識したのは産科教育の必要性であった。近くでは、国教会伝道協会が医療伝道活動をおこなっていたし、地元病院の設立者の妻であるレディ・クックは、アフリカ人の看護婦を養成するア

と併合して「南部ナイジェリア植民地・保護領」が発足する。一九一四年には、ルガード卿（第Ⅰ章の＊10参照）が平定した「北部ナイジェリア保護領」と合併し、「ナイジェリア植民地・保護領」が成立した。

＊10（一八七五～一九五七）アイルランド、ウィクロウ出身。生まれる前に父を、一〇歳で母を亡くし、一八歳で育ててくれた祖母の死後、一八歳でロンドンのフランシスコ派修道院に入り、一八八九年、宣誓してシスター・ケヴィンとなった。その後、ウガンダ、ケニア、タンザニアを中心とする伝道活動に一生を捧げた。

＊11　一八六八年、アルジェリア大司教シャルル・ラヴィジェリによって設立されたフランスのカトリック伝道団。伝道師がアラブ風の衣装を身につけたことからこうよばれた。北アフリカ（アルジェとカルタゴ）を拠点に、イスラム教とときに競合、ときに協力しながら布教活動を展開し、その後、サハラ以南へのカトリック布教の中心的役割を担った。

フリカ初の施設を発足させていた。カトリック伝道団では、イヴリン・コノリー博士が当面の必要性を満たしていた。コノリー博士は、もともと俗人の教会活動家としてこの地を訪れ、のちにフランシスコ派の修道女となった。宗教伝道者が出産にかかわる活動を禁じた法令をローマ教皇庁が解くのは一九三六年のことであり、それは、マザー・ケヴィンがロビー活動を重ね、彼女に味方するある有力男性が決然とこの問題に介入して何年もたってからのことである。マザー・ケヴィンは一九五四年まで活動をつづけ、ウガンダやケニアにいくつかの学校や修道院を設立し、ハンセン病の療養施設をつくり、一九二六年には、早くもアフリカ人看護婦の帯帽式をおこなった。成人すれば結婚は不可欠であると考える社会で、あいも変わらず純潔の誓いを求める帯帽式は、アフリカ人のあいだで物議を醸しだした[17]。

女性宣教師のなかには、地元の風習と男性優位の教会ヒエラルキーの双方で問題を抱えた者もいた。一九二〇、三〇年代、タンガニーカ南部（現在のタンザニア）、マサシのイギリス国教会中央アフリカ大学伝道団（UMCA）[*12]の例は、みずからの自民族中心主義と教会という家父長制的な組織の双方から生じた限界に女性宣教師がぶつかった例である。アフリカ化を進めるさまざまな圧力のもと、UMCA当局は、まずその地域のイニシエーション儀礼のキリスト教版《ヴァージョン》をつくり、つづいて教会指導部の重要ポストにアフリカ

(17) Oliver (1982), pp. 145-88.

人をつけようとした。そのいずれにおいても、女性の場合は男性ほどうまくいかなかった。男性儀礼以上に、〔現地の〕女性儀礼が、身体とセクシュアリティにかんする宣教師の考えと矛盾していたのである。昔からの専門家たちは、少年には割礼をほどこしたが、少女にたいしては、性交渉にそなえて陰唇に手を加えたりひきのばしたり、特殊なダンスを教えたりしていた。こうした行為をキリスト教風に変え、セクシュアリティにかんしてずっと保守的な社会習慣に合うよう、社会化する責任を負ったのは世俗の白人女性であったが、彼女たちは、現地儀礼の形態や中身をきちんと判断することができなかった。その結果、キリスト教に見合うようにつくりかえられた儀式はひどく省略されたものになり、アフリカ人女性に改宗したいという気をおこさせなかった。男性聖職者のアフリカ化〔すなわちアフリカ人男性の聖職位への登用〕とは対照的に、アフリカ人女性を採用できるような権威あるポストもなかった。〔教会組織の〕周縁にとどまった結果、アフリカ人女性は、一貫して教会の規律にからめとられずにすんだ。アフリカ化された教会内部における彼女たちの従属的な立場は、ヨーロッパ人女性宣教師の従属的立場を反映していた。(18)

　ヨーロッパ人女性宣教師には、ヴィクトリア時代のキリスト教に備わった家父長制的イデオロギーが深く染みこんでいた。そのような彼女たちがアフ

(18)　Ranger (1972), pp. 221–51.

＊12　一八五七年、一時帰国したリヴィングストン博士がオクスフォード、ケンブリッジ両大学でおこなった講演に触発され、両大学の卒業生によって設立された英国国教会系の伝道団。ザンベジ川流域やザンジバル、タンザニアなど、東アフリカを中心に布教活動を展開した。

リカで主眼においたのは、インド同様、西欧化した地元男性の妻として、とりわけ聖職者の妻として、ふさわしい教育を現地人女性に与えることであった。一九四三年、南ローデシアに設立されたホームクラフト・ヴィレッジ・スクールは、この目的をはっきり謳っていた。妻となる女性が身につける必要のある新しい価値とは、つぎのようなものであった。拡大家族*13への忠誠心とは違った独立独歩の自立性、一夫一婦制、身体的・社会的流動性、「近代的《モダン》」・家庭《ホーム》に熟知していること、そしてお金を使うこと。(19)

　ヨーロッパのジェンダー上の役割を模倣しようとする努力は、人種的に階層化が進んだ社会では、ときに搾取の現実と衝突することがあった。二〇世紀前半の南アフリカでは、アフリカ人少女の教育にあたった宣教師の努力はうまくいかなかった。ジェンダー・イデオロギーが、少女を社会化して、よき母、よき主婦にさせることを求めたのに、アフリカ人男性の賃金では家族を養うことができなかったのである。(20)

　ときとして、現地のジェンダー上の役割がまさることもあった。それなりにまとまった数の女性宣教師がオセアニアに姿を現すのは、一九世紀末になってからのことである。初期には、ヨーロッパやオーストラリア、ニュージーランドの宣教師が代表を務めるどの宗派も、女性に権威ある正式の地位を認めていなかった。一九〇四年、オーストラリア人のフロレンス・S・H・

(19) Kirkwood (1984b), pp. 111, 115. ベルギー領コンゴの併合地として統治されていたルアンダ-ウルンジ（現在のルワンダとブルンジ）では、一九三〇年代にベルギー領コンゴでつくられた組織をモデルに、四六年、カソリック伝道団が家政センターを設立した。ホワイト・シスターズによって運営されたセンターは、アフリカ人女性に、ヨーロッパの生活様式にあこがれるアフリカ人男性エリートの妻としてふさわしい訓練をほどこした。家政センターでは、ヨーロッパの家事技術を教え、白人女性にアフリカ人女性の家庭への訪問を奨励して、「最高の」家庭には賞を授与した。Hunt (1990), pp. 447–74. 北ローデシアについては、Morrow (1986), pp. 601–35を参照。

(20) Gaitskell (1983a), pp. 241–56.

ヤングはみずから伝道団を結成したが、この動きそのものが、女性の活動がふえたことを示すひとつの指標だった。将来、教師や牧師の妻となる〔現地人〕女性を教育する学校の開設は、ヨーロッパ人宣教師の妻にも独身女性にもできる重要な仕事のひとつであった。ヨーロッパにおけるジェンダー規範とは対照的に、多くのポリネシア社会では、女性たちには権威ある重要な役割があった。かくして、牧師の妻という立場が、現地のキリスト教コミュニティのなかで現実的なリーダーシップのひとつを担うこともしばしばだった(21)。

ヨーロッパ人宣教師の多くが抱いた現地の社会と個人についての見通しが、自民族中心主義、ならびにジェンダー・イデオロギーの普及ゆえに限界があったことはまちがいない。それでも、一九、二〇世紀の伝道活動を代表する多くの教団や宗派は、キリスト教改宗者の改宗以前の経験と教会における女性の地位という二つにたいして、実にさまざまな姿勢をみせている。

たとえば、イギリス植民地支配以前のタンガニーカでドイツ系モラヴィア派伝道団[*14]がつくったコミュニティは、ほかの教団よりも現地アフリカの慣習にたいしてずっと寛大で、しかも、ヨーロッパ人、アフリカ人双方の女性がつける権威あるポストを教会内部に設けていた。彼らのユートピア的ルーツに、本流、すなわちドイツのブルジョワ社会出身者から成るルター派にくら

(21) Forman (1984), pp. 153-72.

＊13 親子関係を中心とする核家族のみならず、直系や婚姻にもとづく血族をも含んだ大家族。

＊14 モラヴィア派伝道団の活動の中心は、タンザニア南西部ルグウェ (Ruguwe) であり、ここに住むサフワ、ならびにニイハ (Nyiha) について、一九二〇、三〇年代、彼らからいくつかの調査報告が出されている。

べて、女性がより積極的な役割をはたせる根拠があった。教会内部が性別で分離されていたために、女性のリーダーシップの発展がうながされたのである。それは、マサシにあるイギリス国教会系のコミュニティにはないことだった。モラヴィア伝道団のコミュニティでは、最初の改宗者となった女性が名誉キリスト教徒としての権威を行使したし、アフリカ人男女がペアで牧師補を務めた[22]。アフリカ人や女性にたいするこうした姿勢は、ドイツ系モラヴィア派宣教師、エリゼ・クーツ－クレシュマーの経歴に現れている。一八九四年、独領東アフリカ（現在のタンザニア）にやってきたクーツ－クレシュマーについて、マルシア・ライトはこう述べている。

クーツ－クレシュマーはすばらしい才能をもった女性だった。モラヴィア派コミュニティの出身という生い立ちをつうじて、きわめて人道的かつ平等に人をながめる準備ができていた。ドイツのモラヴィア派コミュニティでは、ルター派宣教師の多くを輩出したブルジョワ社会よりずっと女性の存在を認めていた。さらに、精神の発達をめぐるモラヴィア派の考え方では、信徒の生涯全体が必要とされ、神の御業を示すべく、男女ともに自伝を書くことが推奨された。……広がりつつあったその種〔モラヴィア派〕のキリスト教は、そうした〔現地の〕人びとが送って

（22） Wright (1971), pp. 11, 92.

きた改宗以前の生活を軽蔑しはしなかった。……〔そして〕……自伝はもともと、布教宣伝を目的に勧められたわけではなかった。(23)

第一次世界大戦のせいで、クーツ‐クレシュマーは東アフリカでの在職期間を短縮せざるをえなくなったが、ドイツに帰国するや、彼女は、いっしょに暮らしたサフワの人びとにかんする三巻本の民族誌資料を準備した。そのなかで彼女は、ヨーロッパ社会の人びとにこの〔サフワの〕人びとの豊かな文化と生活とを見にきていただきたい、それ以外に〔この民族にかんする〕物理的な資料は限られているのです、と述べている。(24)

宣教師のなかには自分が選んだ地域にわが身を捧げた女性もいて、二つの文化を橋渡しする能力を証明している。〔クーツ‐クレシュマーの滞在から〕三〇年ほどのち、タンガニーカにもうひとりのヨーロッパ人宣教師が到着した。一九四八年、女子学校設立のためにスウェーデンからやってきたバルブロ・ヨハンソンである。授業では、宗教教育に加えて、ハヤの人びとをとりまく風習が教えられ、その地域の手工芸の伝統をたやさないことにも努力が払われた。(25) かつての教え子が認めているように、ヨハンソンが女子教育とかかわったのは、地元の大人も植民地役人も、女子教育を優先させなければならないなどと考えてもいなかった時代と場所においてであった。(26) この点で

(23) Wright (1971), p. 59.

(24) Wright (1977), p. 114.

(25) Johansson (1977), pp. 144–47.

(26) Mulokozi (1977), p. 154.

は、ヨハンソンはほかの宣教師とさほど違っていたわけではない。しかし、一九五八年、彼女は、民族主義者《ナショナリスト》の政党であるタンガニーカ・アフリカ民族同盟の候補者として植民地の立法委員会に選出され、一九六二年にはタンガニーカ国民《シティズン》となった。[27] タンザニア大統領ジュリアス・ニェレレ[*15]は、宣誓のなかでヨハンソンの特殊な才能に言及しているが、彼の言葉は、二つの文化をうまく橋渡ししたほかの女性にもふれるものだった。

> 豊かな先進社会で生まれ育った人が、社会の対等な構成員としてタンザニア人の闘いに参加することは、容易なことではない。……自分自身を偽ることなく、自分の知識や考えを、ともに暮らし働くコミュニティの人びとに順応させなければならないからだ。それでも、彼らに、彼らにしかできない特別な貢献があるとすれば、それは、過去と現在の生活を混ぜ合わせてひとつの全体にまとめあげ、それでいてなお、完全な個人としてありつづけているせいだろう。バルブロ・ヨハンソンにとって、こうした過去と現在の融合を可能にし、この融合を、みずからが選んだ国に尽くすその人生のなかに映しだすことを可能にしたものこそ、彼女の宗教的信念なのであろう。[28]

(27) Lundstrom (1977), pp. 128–29.

(28) Sundkier and Wahlström, eds. (1977), "Foreword," p. iii.

かくして、宗教的な衝動を通じて、ヨーロッパ人女性は、（キリスト教以外の）ヨーロッパ文化を現地人に押しつけるだけでなく、現地の人びとを尊重し、支援することもできたのである。

　現地人、とりわけ現地人女性のための介入は、伝道のみならず、世俗的な動機からもきていた。西欧主導の組織は現地人女性がリーダーシップを発揮できるような地位を相対的に欠いており、それが、宗教的にせよ世俗的にせよ、現地人女性を代弁するヨーロッパ人改革者側の家父長主義《パターナリズム》（より適切な表現でいえば母権主義《マターナリズム》）の一因となっていた。とりわけ、植民地のコンテクストにおいて、ヨーロッパ人は、その土地の人びととの生活を向上させるものとして「母国《マザー・カントリー》」を見る傾向があった。西欧の教育や制度に精通したアフリカ人女性リーダーの成長はインド人女性より遅れていたが、この時差は、インドのほうがヨーロッパとの商業関係や植民地関係が長かったせいである。女性リーダーの成長には、西欧の教育、ならびにナショナリスト的な政治への参加がともに重要であるから、この遅れも理解できよう。一八八〇年代、インドの女性が大学に入学したとき、アフリカの大部分はまだ植民地化されていなかった。(29) 一九四七年のインド独立は、少なくとも一〇年、アフリカ諸国の独立の先をいっていたし、それ以上の歳月を、インド・ナショナリストの闘争は（南アフリカ以外の）アフリカのナショナリズムに先んじてい

(29) Borthwick (1984), pp. 323-24; Trollope (1983), pp. 91-92.

＊15 （一九二二〜九九年）アフリカを代表する政治家。一九五四年、タンガニーカ・アフリカ民族同盟を創設して独立運動を展開し、六一年に自治政府首相、翌年のタンガニーカ独立にともない、初代大統領となり、社会主義政策を推進した。六四年にはザンジバルと合併してタンザニア連合共和国を成立させた。八五年に大統領を辞任後も、死ぬまで、「ムワリム（スワヒリ語で先生の意味）」という名で、国民から敬われた。

た。一九二〇年代までに、インド人女性エリートやインドのイギリス人フェミニストは、全インド女性評議会（ＡＩＷＣ）[*16]のような女性団体を組織していた。アフリカの女性も、何世紀ものあいだに、女性の利害をめぐっていくつかの団体を設立してきたが、それらは、イギリスのフェミニスト諸組織と連合、ないしは対立する性格のものではなかった[(30)]。

一九世紀のイギリスのフェミニストたちは、ひんぱんに、インド人男性改革者たちと実効性のある関係を築いた。しかしながら、彼女たちがインド人の価値観や彼らの生活をどの程度尊重していたかには、かなりのばらつきがあった。イギリスのフェミニストのなかではめずらしいことながら、マーガレット・ノーブル[*17]は、ヒンドゥー女性をより効率的に教育するためにインド文化をとりいれた。一八九八年、ヒンドゥー少女のための学校を設立したノーブルは、伝統の復活をめざすスワーミ・ヴィヴェーカーナンダ[*18]の僧侶コミュニティに参加した。宗教や福祉関係の仕事で幅広く活躍しながら、彼女は、インドとイギリスの双方でインド・ナショナリストの政治に加わった。彼女が一九〇七年［イギリス］に帰国したのは、インドでの逮捕をのがれるためだった[(31)]。

こうしたイギリス人改革者のフェミニズムは、ときに現地の文化と衝突した。アネット・アクロイド（のちのアネット・ベヴァリッジ[*19]）は、よりリベ

(30) Wipper (1984), pp. 59–86; Strobel (1979) を参照。ウガンダ独立前夜、三人のイギリス人女性がウガンダ女性委員会を組織した。同委員会が国際女性委員会や世界農村女性連合と連携していたことから、ウガンダの女性は国際的な代表を送り出すことができた。Gartrell (1984), pp. 165–85.

(31) Ramusack (1990), pp. 309–21.

(32) Borthwick (1984), pp. 88–92; Ramusack (1990), pp. 309–21. セーンとアクロイドの見解の相違については、Das (1986), p. 71を参照。

＊16　一九二六年、インド人女性の政治・社会参加を推進するために、マーガレット・カズンズ（本章＊27参照）ら神智学協会メンバーの支援で設立された組織。カズンズ、およびドロシー・ジナラジャダサが一九一七年に設立したインド女性協会をひとつのモデルとして、インド女性にたいする教育の普及が議論された。

ラルなインド人一派、ブラフマ・サマージ[*20]のリーダー、ケーシャブ・チャンドラ・セーン[*21]の個性と教えにひかれて、一八七二年にインドにやってきた。しかしながら、セーンが女子教育についてヴィクトリア時代の型にはまった考え方をしていたことから、アクロイドは彼と袂を分かった。彼女は、一八七三年、カルカッタに女子校を設立したが、そのカリキュラムはかなりイギリス文化寄りだった。(32)アクロイドはロンドンでベンガル語の講義を受けたことがあるが、ベンガル文化についてはほとんど何も知らなかった。そして、一八八三年に提起されたイルバート法案[*22]をめぐる議論のなかで、彼女は、革新的な変化を押し進めることがどれほど複雑であるかがまったくわかっていなかったことを露呈してしまうのである。この法案は、インド人の判事にヨーロッパ人を公開裁判で裁くことを認めたものだったが、アクロイドはこれに反対し、著書『イングリッシュマン』のなかでつぎのように書いている。

私はおそれず、こう断言しよう。現地人判事の司法権にわれわれをゆだねるという提案が侮辱であるというとき、それは、インドにいるイギリス人女性全員の感情を代弁しているのだ、と。この感情を命じるのは人種的な誇りではない。もっと深い何か——そう、女性としての誇りである。……無知で虐げられたインド人女性たちは、自分の主人に逆らう証

*17 (一八六七～一九一一年)アイルランド人プロテスタントの社会・政治活動家。イギリスで教師をしていたときにヴィヴェーカーナンダと出会い、一八九七年にインドへ渡る。シスター・ニヴェディタ(「献身する女性」の意味)の名を与えられ、女性教育からインド文化まで幅広い分野で活動した。

*18 (一八六三～一九〇二年)インドの宗教家。諸宗教の融和による救済を説いた僧侶ラーマクリシュナ・パラマハンサ(一八三六～八六年)の弟子。カルカッタ大学卒業後、一八九三年、シカゴでおこなわれた世界規模での宗教会議で、ヒンドゥーの教義、寛容の精神を講演して世界的名声を博した。アウトカースト(不可触賤民)制度を非難し、女性の地位向上を主張。インド全土で社会奉仕をつうじた人びとの救済を説いてまわった。

*19 (一八四二～一九二九年)ロンドンのベドフォード・カレッジで学ぶ。実業家の父の死後、チャンド

言をして、その隷属状態から立ち上がるべきである。〔インド人〕男性の司法権のもとに文明ある女性を屈服させようとするイルバート氏の提案にたいして、インド人女性は、イギリス人女性が感じる憤りが正当なものだと証言すべきである。その男たちときたら、同じ人種の女性たち〔インド人女性〕を救おうとは、ほとんど、いやまったくしなかったし、社会にたいする彼らの考え方は、いまだ文明の外縁にある。(33)

アクロイドと夫（彼はこの法案を支持していた）は、インドで暮らすイギリス人の基準に照らせば、自宅でインド人をもてなすなど、その行動は進歩的だった。それまでの彼女は、イギリスの誤ったインド支配に批判的でありつづけてきた。とはいえ、〔イルバート法案をめぐる〕このできごとは、女性もしくは女性の諸権利にたいする白人女性の献身が、人種や国民の平等、あるいは現地文化の完全な形を求める取り組みと矛盾した最初の事例でもなければ、最後の事例でもなかった。しかも、彼女はひとりではなかった。白人女性は、前代未聞のやりかたでイルバート法案反対に結集したのである。(34)

インドとアフリカ植民地との政治的発展段階の差を反映して、アフリカにいる（宣教師や人類学者以外の）ヨーロッパ人女性が、かなりまとまった人数で現地人女性の支援に乗りだすのは、インドより何十年も遅れていた。第

（33）引用は、Barr (1976), p. 186.

ラ・セーンにしたがってインドへ渡るが、インド人女性にたいする中等教育について、あくまでも家事に力点をおくセーンと対立した。インド高等文官ヘンリ・ベヴァリッジとの結婚を契機にいっさいの活動から引退。「ゆりかごから墓場まで」といわれるイギリス社会福祉・保険制度の方向性を示した委員会の長を務めた経済学者（後に国会議員）ウィリアム・H・ベヴァリッジ卿は、彼女の息子である。

＊20　近代インドの宗教・社会改革運動で重要な役割をはたした宗教団体。ヒンドゥー教と近代西欧合理主義の狭間で、普遍的な信仰を標榜した。一八四三年、デベンドラナート・タゴール（一八一七〜一九〇五年）が青年二〇名を引き連れて入門したことで発展の基礎が固まった。新しい世代の台頭とともに対立と分裂をくりかえしながら、インド社会改革を担う知識人を多く輩出し、イ

二次世界大戦中に通過した「植民地の発展と福祉にかんする法案」は、〔イギリス本国が〕信託統治と開発により深く関与することを意味した。こうして〔イギリス政府の〕関与がふえたにもかかわらず、アフリカ人女性の支援をめざす政府プログラムが相対的に欠如していたことで、ヨーロッパ人女性は自分たちの責任をますます強く意識したことだろう(35)。アフリカ人女性の問題とヨーロッパ人女性のかかわりについても、ヨーロッパのヴォランティア組織をモデルとするアフリカ人女性組織の結成についても、一九四〇年代、五〇年代が転換点となっている(36)。

一九四〇年代、南ローデシア（現在のジンバブエ）で、白人女性たちは、理論武装した「家事《ドメスティック・アート》」概念とともに、衛生や健康、栄養にかんする教育がアフリカ人女性に必要であると訴えはじめた。現地の白人女性グループの説明はこうである。

> 宣教師、アフリカ人教師の妻、実地農場指導者《デモンストレイター》や農場主の妻、看護婦や医者らはみな、ひどい幼児死亡率と闘い、マラリアや赤痢、トラホーム、栄養失調といった病気を防ぐために、わかりやすい基本的な衛生と健康にかんする約束事をアフリカ人女性に教える必要性が急務であることに気づいていた。それに応えて、これらの人たちはそれぞれ、都市や

ンドの近代化に貢献した。

＊21　（一八三八〜八四年）ブラフマ・サマージのリーダー。タゴールの社会的保守性とヒンドゥー教への傾斜に反発をおぼえ、一八六六年、同団体から分離して新しい組織、プラールタナー・サマージを設立する。カースト制批判、未亡人の再婚導入、女子教育、幼児婚の廃止などの社会改革運動を展開しながら、ブラフマの宗教をインド全土に広げたが、七〇年代後半、青年層と対立し、組織も分裂した。

＊22　インド副王参事会法律委員イルバートが提出した刑事訴訟法改正法案。インド人判事に、ヨーロッパ人を被告とする刑事事件の担当を認めようとするもの。インド在住イギリス人の猛反発で撤回されたが、それが知識人を中心とするインド人の憤りを招き、インド全体を束ねる政治組織を求める運動を活発化させた。他方、インド人の民族運動の過激化を懸念するインド総督の意向をうけて、インド国民会議派が創設された。

田舎で教室を開き、健康についての簡単な約束事や、やさしい料理や編み物、裁縫といった家事、そして多少なりとも栄養にかんする心得を教えた。(37)

こうした活動の結果、一九四七年、南ローデシアに最初の「女性家事クラブ会館」が設立された。(38) アフリカ人女性は農業に従事していたので、農業拡大局から〔その気があれば〕恩恵を得ることもあっただろう。〔しかしながら〕白人女性入植者に農業問題の援助ができなかったのか、あるいはヨーロッパのジェンダー・イデオロギーのせいでその〔農業〕問題に気づかなかっただけなのか、いずれにしても、アフリカ人女性はもっとも必要とする支援が与えられないままだった。

ケニアと英領マラヤにおいては、そうした努力には明確な政治的含みがあった。行政官の妻や白人の女性入植者らは、第二次世界大戦後、ケニアの農村部でアフリカ人女性のために裁縫と家事の講座を組織した。一九五〇年までに、各々平均して四〇人のメンバーからなる八つの「女性会館」が、ある郡長官の目にとまった。この郡長官は、こうしたグループがアフリカ人全体に価値があることを年次報告書に記しながら、支援姿勢をつぎのように例証している。

(34) Barr (1976), pp. 186–87, Borthwick (1984), p. 90; Sinha (1992), pp. 98–116. W・H・ベヴァリッジの両親、アネット・アクロイド、ヘンリ夫妻の伝記は、Beveridge (1947) を参照。

(35) この点でいえば、のちに本章で論じるように、〔状況の変化に〕敏感なインドのヨーロッパ人女性は、インド人のリーダーシップのためにみずからの身をひきつつあった。

(36) チャールズ・アレンは、一九三〇年代のインドで、ヨーロッパ人女性の福祉の仕事がふえたと記している。Allen, ed. (1976), p. 178. 〔同じく〕一九三〇年代、英領マラヤのヨーロッパ人女性には慈善活動が奨励された。Brownfoot (1984), p. 200.

(37) *Profiles of Rhodesia's Women* (1976), p. 146; 引用は、Kirkwood (1984a), p. 159.

(38) 似たような活動は、北ローデシア（現在のザンビア）では一〇年後にはじまった。Hansen (1992),

何年ものあいだ、われわれは「女性たちを理解しなければならない」という言葉を、どこか機械的にくりかえしてきたが、男であるがゆえに、われわれの努力はもっぱらそこで止まっていたようである。もしわれわれが女性のことをきちんと「理解する」ならば、今後、アフリカ人の社会生活には急速な改善が限りなくなされよう。健康や衛生、農業、教育、道徳といったことすべてが、際限なく有益な影響を受けることだろう。[39]

一九五一年までに、こうした組織が、現在ケニア最大の女性全国組織であるマエンデレオ・ヤ・ワナワケ（〔スワヒリ語で〕「女性の進歩」という意味）の発展モデルとなった。社会開発省は、ヨーロッパ人のヴォランティアを使って、マエンデレオ・ヤ・ワナワケの発展を奨励した。一九一七年に設立されたヨーロッパ人女性のヴォランティア組織、東アフリカ女性同盟は、アフリカ人女性へのサーヴィスを拡大するよう政府に圧力をかけた。この同盟は、アフリカ人女性がアフリカ人男性に遅れずに「発展」しつづけるように努め、かなり母権主義的ながらも、「ヨーロッパ式の計画、方向性、共感が到来しつつあるのはあきらか［である］」[40]と信じていた。一九五五年までに、マエンデレオ・ヤ・ワナワケのクラブは五〇〇を超え、四万人の会員を抱え

pp. 247-68.

(39) 引用は、Wipper (1975-76), p. 196。

(40) 引用は、Wipper (1975-76), p. 197。

るようになった。その間、一般にマウマウとして知られるキクユの反乱[*23]によって、入植者も行政官も、ケニアには独自の多数決原理があると考えざるをえなくなっていた。植民地政府はケニアの他の地域でもマエンデレオ・ヤ・ワナワケの活動を支援していたが、行政官は、キクユの女性にゲリラ活動への支援をやめさせる鍵は女性たちのクラブが握っているのだと思っていた。

女性の学校は、マラヤでも同じ時期、似たような理由から姿を現した。ペギー・テンプラーは、第二次世界大戦後の戒厳令下、夫がマラヤを担当していた一九五二年に、現地の女性たちに反植民地暴動を支援しないように求め、栄養や家事、そして組織力を教える戦略の一環として、女性協会を立ち上げた。その組織化を支援しようと、ロンドンの女性諸組織はマーガレット・ハーバートスンを代表として送り出し、地元のイギリス人女性には、正式なリーダーを誰とは決めず、手を貸すことが奨励された。テンプラーは、ゲリラ活動一般に批判的だったことをのぞけば、自分が組織した協会に熱意をもってくれるよう、村々を説いてまわるあいだは、あからさまな政治活動や情報収集は避けていた。もっとも彼女は、ときおり、夫にこう話した。

「思うに、あの村はだめね。……何かおこりそうな気がするの[41]」。

植民地のヨーロッパ人女性が現地人女性の状態を「改善する」試みのなか

(41) Alexander (1983), pp. 141–51, 引用はp. 146より。

で自民族中心主義や母権主義をふりかざしたにせよ、帝国の中心部にいた女性たちの感受性は、彼女たちよりずっと鈍かった。イギリスにおけるフェミニストのロビー活動の例としては、キクユの少女におこなわれていた性器切除をめぐって、一九二〇年代のケニアでくりひろげられた論争がある。それは、ヨーロッパの家父長主義が現地人女性の代弁者であると同時に、ヨーロッパには植民地の政治的・文化的なコンテクストがみえていないことを示す事例でもある（それは、女性に有害な現地慣習の存在をも暴露している）。重要なことは、この議論をめぐって、アフリカ人に同情的な政治を展開したことで知られる地元の行政官（男性）と、直接アフリカ経験のないイギリス人フェミニスト（女性）とが、イギリス人コミュニティ内部で対立したことである。宣教師のコミュニティは、両者のあいだのさまざまな地点に位置していた。

宣教師と彼らが改宗させたキクユの人たちは、性器切除に異議を唱えた。キクユを二分する議論の過程で、この慣習について宣教師のコミュニティがとった立場は実にさまざまであった。娘に性器切除手術を受けさせたメンバーを追放したコミュニティもあれば、より衛生的なものに修正されれば〔手術を〕認めるコミュニティもあった。キクユのリーダーのなかには、こうした干渉は文化帝国主義の一形態であり、キクユの土地と労働にたいするヨー

＊23　一九五〇年代の反英武力闘争。ホワイトハイランドの農業労働者、ケニア最大の部族であるキクユ（ギクユともいう）の貧農による闘争組織を、イギリス側は「マウマウ」という秘密結社によるものとみなし、組織の活動禁止を布告した。五二年一〇月の非常事態宣言下でケニヤッタ（本章の＊24参照）らが逮捕され、キクユ側はゲリラ戦を展開するが、弾圧された。五六年末の政府発表では、死者一万五〇〇〇人、逮捕者三万人近くにのぼっている。

ロッパ人の搾取にも似た文化攻撃であり、アフリカ人の政治的権利の否定であると非難する者もいた。性器切除批判に応えて、のちに独立ケニアの初代大統領となるジョモ・ケニヤッタ*24は、キクユへのミッション教育に代わるものとして自主学校をつくった。さらに彼は、著書『ケニア山のふもと』のなかでこの手術を擁護している。この著作自体は、教育を受けたアフリカ人学者によるはじめての民族誌的な研究として、反植民地主義の画期をなすものであった(42)。

ケニアでアフリカ人とヨーロッパ人の議論が紛糾する一方、イギリス人女性たちは、アフリカ人女性の性器切除をヒンドゥーのサティにたとえ、議会による調査を強く求めた。サティは未亡人になったヒンドゥー女性が夫に殉じる慣習であり、一九世紀にはイギリス人の改革者たちがそれに反対する組織を立ち上げた(43)。宣教師を友人にもつ国会議員、アソル公爵夫人*25は、エレアノール・ラスボンと二人の議会外メンバーとともに調査に乗りだした。調査は医学の専門家や宣教師らの証言にもとづくものであり、ケニヤッタもそのひとりであった。しかし、キクユの女性たちの協力はなく、調査グループはけっきょく、法律を制定して手術を禁止することはできなかった(44)。

エレアノール・ラスボンは、インド人女性のためにも、ロンドンでロビー活動をしていた。みずから支援を申し出たヨーロッパ人女性をキクユの女性

(42) Kenyatta ([1962]).

(43) Das (1986); Yang (1989), pp. 8–33.

(44) Murray (1976), pp. 92–104. 一九二九年の調査も、ロボラ（奴隷制の一例となる婚資）と幼児結婚を網羅していた。のちにラスボンは、植民地相をつうじて、植民地における強制結婚のことを植民地行政官に尋ねてもらった。その成果が、白書 *Correspondence Relating to the Welfare of Women in Tropical Africa 1935–37* である。Stocks (1949), chap 13.

(45) 問題の著作は、Mayo (1927)。

＊24 （一八九〇?～一九七八年）キクユ出身のケニア独立運動の指導者で、一九六三年、独立後のケニア初代首相、六四年の共和制移行にともない初代大統領。「ムゼー」（スワヒリ語で「長老」の意味）とよばれ、尊敬を集めた。一九三一～四六年の二度目の渡英中、ロンドン大学で音声学と人類学への関心を深めた。五

たちの多くがどう思っていたかは記録されていないが、インド人女性の代表は、一般にラスボンの役割を評価していなかった。[*26] 彼女たちの批判は、ヨーロッパ人女性がおこなった善意ある活動の多くにあてはまるだろう。一九一八年、ラスボンは「男女平等の市民権を求める全国諸協会連合」（NUSEC）の会長となったが、この組織は、イギリス参政権運動における穏健派の好例といえた。一九二七年までに、ラスボンは、インド人女性の地位向上をめざして活動するよう、とりわけ女性参政権、ならびに法律上の結婚承認年齢の引き上げを求めるようにと、NUSECに迫った。彼女はとくに、インド人女性の地位が低いのは、女性を傷つける現地慣習への介入を拒んだイギリス政府のせいであると非難した。このように現地人女性のために尽力したラスボンだが、彼女がぶつかったのはインド人女性リーダーたちの抵抗であった。リーダーたちは、ラスボンと目的の多くを共有しつつも、彼女が自分たちの生活の現実を知らないことに気づいたのである。ラスボンはたった一度しかインドに行ったことがなく、「インドにかんする」知識の多くは、さるアメリカ女性が書いた暴露記事から得ていた。しかも、その記事は否定的で物議を醸しだす類のものだったのである。[45] ラスボンの関心を評価する人もたくさんいたが、一九二〇年代までに、インド人女性たちには自分たちで語る準備ができていた。しかも彼女たちは、ラスボンがインドの社会問題によ

二年にはマウマウの反乱の首謀者として逮捕、投獄された。

＊25 （一八七四〜一九六〇年）キャサリン・マージョリー・マレー、旧姓ラッセル。王立音楽院で学んだ名ピアニストで作曲家。一八九九年、八代目アソル侯爵ジョン・ジョージ・マレーと結婚。一九一七年に公爵夫人となる。二三年に国会議員となり、保守党の女性議員としてはじめて文部省政務次官となった。

＊26 ラスボン（一八七二〜一九四六年）は、婦人参政権運動のなかで、インド女性のための社会改革運動家としても知られるようになった。その際、彼女がインド情報の多くを依拠したのが、アメリカのジャーナリスト、キャサリン・メイヨの『母なるインド』（一九二七年）であった。それは、幼児結婚はじめ、インド人女性を死に至らしめているヒンドゥー社会の慣習をセンセーショナルに描いたもので、その信憑性をめぐっては出版直後から激しい論議がまきおこっていた。ラスボン自身その問

りいっそうイギリスの介入を求めれば、彼女が代表する大英帝国の権威が強まると憤った。ついにインド人女性は、女性問題に短期的な利益を求めるより、インド独立という目的を優先させることで、戦略的にラスボンと袂を分かった(46)。

ラスボンの尽力にたいしてインドとキクユの女性たちの反応が違ったのは、ナショナリスト運動の発展段階が両国で違っていたためである。ケニヤッタの女性性器切除擁護は、自分たちで声をあげる組織をもたなかったキクユの女性を犠牲にしてなされたにせよ、キクユの反植民地抵抗の初期段階を示すものであった。それに比べて、一九二〇年代までにナショナリストのリーダーが数世代を重ねていたインドでは、さまざまなインド人女性の集団が、イギリス人の一フェミニストがスポークスウーマンの役割を独占することに憤りを感じたのであった。

植民地におけるナショナリストの運動を前に、イギリス人の女性改革者たちがとった立場はさまざまだった。ラスボンのように、女性問題と独立問題をともに支持しつつも、戦略的にたえず独立より女性問題を優先させた人もいれば、国家の独立と女性の諸権利の問題を完全に絡みあわせて考えた人もいた。

成人してからの人生の大半をインドですごしたマーガレット・カズン

(46) ラスボンとインドについては、Stocks (1949), chaps. 10 and 11; Ramusack (1981b), pp. 205–07; Ramusack (1990), pp. 309–21. Ramusack (1981a), pp. 110–24.

(47) Nethercot (1961); Nethercot (1963); Paxton (1990), pp. 333–46.

題性に気づき、メイヨのデータの信憑性を調査したが、その方法がまずかった。現地インドに情報提供をまったく仰がなかったのである。インド人女性の激しい反発は、彼女のこの行動に大きな原因があったと思われる。

*27 (一八七八～一九五四年) アイルランド文芸復興運動で活躍した詩人ジェイムズ・カズンズと結婚した彼女は、一九一五年、アニー・ベザントからマドラスでジャーナリストとして働かないかと誘われた夫に同行してインドに渡り、同協会の学校で教えはじめた。一七年には「全インド女性会議」の設立に尽力し、インド人女性の教育や改善の手法を

ズ[27]は、はっきりとした矛盾を抱えることもなく、女性問題と独立という二つの大義に人生を捧げた。彼女と彼女の夫は、第一次世界大戦中、アニー・ベザント[28]との関係でインドにやってきた。ベザントは、アイルランド系《アイリッシュ》イングランド人《イングリッシュ》で、国際的な神知学協会[29]のリーダーであり、社会主義や産児制限はじめ、信奉する思想は多岐にわたっていた（ベザント自身は、一九一七年、インド国民会議初の女性議長に選出されている）[47]。一九一七年、カズンズは婦人参政権を支持したが、このことがベザントとの対立を招いた。ベザントは、婦人参政権の要求をインドの自治要求と結びつけたくなかったのである。一九二七年、カズンズは全インド女性評議会をよびかけた。これは、もともとインド人女性の教育の必要性を議論する場であったが、やがて全国規模の常設組織となっていた。一九三六年、カズンズはその会長に就任するが、それは、彼女自身の貢献であるとともに、同評議会のインド人リーダーたちが互いに対立し、緊張状態にあった当時、彼女が中立候補だったせいでもあろう。ナショナリストとして活動したことで一年間の投獄を経験したカズンズは、しだいに直接的なかかわり合いから身をひいていった。一九四三年、インド独立の四年前、彼女はつぎのように書いている。「私は、外［＝イギリス］の愚行にたいして闘いたいと思いましたが、私が直接その闘いに加わることをインド人女性のリーダーたちが求めること、いや願うことす

めぐって対立がつづいていた現地の諸組織や地域集団の調停役として活躍した。

＊28 （一八四七～一九三三年）イギリスの社会運動家、神智学協会（本章＊29参照）リーダー。国教会の聖職者と結婚して一男一女をもうけるが、離婚。チャールズ・ブラッドローが主催する「全国世俗協会」に入ったことで親権も失った。一八八五年に社会主義団体、フェビアン協会に参加。八八年にはカール・マルクスの娘とともに、ロンドンのマッチ工場女工のストライキを先導した。その後、神智学協会のメンバーとなり、九三年に同協会本部のあるインドへ渡った。同協会教義のオカルト的側面を弱め、ヒンドゥー教のもとで再解釈を試みるなかで、インド・ナショナリズムにも影響を与えた。彼女が一九〇四年にベナレスにつくった女子学校は、ヒンドゥー大学（一九一六年）の基礎となった。

＊29 神智学とは、ギリシャ語のtheos（神）とsophia（叡智）の合

ら、もはやないだろうと感じました。彼女たちは、いまや闘いの最前線にやってきて、ごらんのように整列しつつあったのです。〔彼女たちが〕めざす国民軍のようなもの、それが姿を現すのもさほど遠い話ではありませんでした」(48)。

フェミニストであることを優先させたカズンズとは対照的に、アガサ・ハリスンの場合は、インドの女性組織と接触を保ちつつも、インドとの関係の基本は、女性問題そのものではなく、独立闘争にあった。一九二〇年代、ハリスンは、中国のYWCAの後援で上海の女性と子どもの労働状況を調査した。キリスト教にたいする自身の否定的な見解から、彼女は、インドでは似たようなプロジェクトを拒絶した。数年後、インドで活動する他のヨーロッパ人とのつながりから、彼女はインドのナショナリストの政治にひきずりこまれた。彼女は、イギリス国教会の聖職者でガンディーの支持者でもあったチャールズ・F・アンドリューズの秘書兼協力者となった。一九三〇、四〇年代、ハリスンはインド調停グループの事務局を務め、インドの政治指導者とイギリス人官僚との対話をうながした。これは、控えめながらも重要な役割であった(49)。

アフリカは、ヨーロッパ人女性が反帝国主義の大義を支持した注目すべきいくつかの事例を提供してくれる。イギリスの戦闘的な社会主義者にして

(48) Cousins, J. H. and M. E. (1950), p. 740; Ramusack (1990).
(49) Ramusack (1981a), pp. 130–37.
(50) Romero (1987), chaps. 11–13.

成語。一八七五年、ロシアの神秘主義思想家ブラヴァツキー夫人が、ヘンリ・S・オルコットとともにニューヨークで設立した協会。諸宗派間の対立を越え、根源的な神の叡智のもとに復帰すべきだとして、その神の叡智を学ぶことを目的とした。心霊現象を研究しつつも、仏教やヒンドゥー教の教義におおくを負っている。一八八二年、本部をインド、マドラス近郊のアディカールに移し、アニー・ベザントやアリス・ベイリー、R・シュタイナーといった有力な後継者を輩出したが、一九三〇年代に衰退した。

＊30 （一八八二～一九六〇年）戦闘的な婦人参政権活動家として知られるエメリン・パンクハースト夫人の次女。一九〇三年、母、姉のクリ

婦人参政権論者《サフラジェット》であるE・シルヴィア・パンクハースト[*30]は、一九三〇年代の反ファシスト闘争をつうじて、イタリア人の侵入に抵抗するエチオピア皇帝ハイレ・セラシエ一世[*31]を支持する活動にひっぱりだされた。彼女は女性問題に関心をもちつづけてはいたが、後年、それは主要なものではなくなった。そのうえパンクハーストは、皇帝が自分を認めたこととひきかえに、皇帝権力を成立させている封建的な基盤に目をつぶり、皇帝の大義を的確に判断することも二の次になってしまったと、彼女の伝記作家は主張する。実際、パンクハーストは、亡くなる前の数年間をエチオピアですごし、国民的英雄のために確保されていた一画に埋葬された[50]。

ヨーロッパ人宣教師を両親にもつオリーヴ・シュライナーは、その政治活動において、みずからのフェミニズムと南アフリカにおけるイギリス帝国主義批判とを、うまく結びつけることができなかった。シュライナーは、世紀転換期の南アフリカにおいて、オランダ人の子孫であるボーア人にたいするイギリス側の扱いを批判しながら（のちには第一次世界大戦に反対するなかで）、反帝国主義的な思いを表明した。ボーア戦争終結後、イギリス人とボーア人の政治的統合、および南アフリカ連合の成立とともに、シュライナーは、大半の白人がもっていた人種姿勢を捨てて、制限つきではあっても、アフリカ人の参政権を主張したのである。シュライナーは、アフリカ人にたい

スタベルとともに「女性社会政治同盟」を設立して過激な女権拡大運動を展開するが、組織内での姉の専制強化に反発して、活動を労働運動や社会主義運動に転換。第一次世界大戦中には平和主義を主唱し、晩年はファシズムと戦った。エチオピアの独立を支援してアビシニアン協会を設立し、『エチオピア――文化史』（一九五五年）を出版した翌年、アジス・アベバへ渡った。

＊31　（在位一九三〇～七四年）エチオピア皇帝。一九一六年に即位したザウディトゥ女帝の摂政兼皇太子として活躍。二三年、国際連盟への加入に成功。三〇年、皇帝となって近代化に着手するが、三五年、イタリアによるエチオピア侵略、併合で、イギリスに亡命する。四一年、首都アジス・アベバを奪回し、以後、おもに外交面でアフリカ全体にたいするリーダーシップを発揮し、六三年、アフリカ統一機構の創設に貢献するが、七四年、軍の革新派や知識人、農民らによる革命で廃位された。

する恩着せがましい姿勢からのがれられなかったものの、白人とアフリカ人の労働者が階級闘争のなかで団結する必要があると感じていた。そして、階級闘争こそ、イギリス人とボーア人との闘いに代わるものだと信じたのである。彼女は熱心なフェミニストではあったが、今世紀初頭、婦人参政権同盟が白人女性のみの選挙権を支持すると、同盟を脱退した。しかしながら、その後、彼女のフェミニズムが発揮されたのは、もっぱら白人女性の問題や生活にかんする発言においてであり、都市にせよ農村にせよ、〔自分とは〕必要性も政治的表現も根本的に違っているアフリカ人女性についてではなかった。南アフリカの白人女性と政治的に共有するものがほとんどなかったため、シュライナーはしだいにイギリスの知識人とのつながりに傾斜していった。「女性問題[*32]」にかんするシュライナーの思索が頂点に達した時期に書かれた著作『女性と労働』(一九一一年)は、二〇世紀初頭におけるもっとも影響力のあるフェミニズムの作品のひとつに数えられている。[(51)]

　南アフリカで白人女性と非白人女性とのギャップを埋めることは、シュライナー以外の女性にとってもむずかしいことであった。シュラ・マークス[*33]は、三人の女性たち(うち二人は黒人、ひとりは白人で、全員が独身)のあいだに交わされた書簡をとおして、彼女たちの悲劇的な関係をつぎのように記録している。メイベル・パルマー、離婚経験をもつフェミニスト。一九二

(51) First and Scott (1980), *passim*; Barash, ed. (1987); DuPlessis (1985), pp. 20–30; Berkman (1989).
(52) Marks, ed. (1987), p. 1.
(53) これは一部に、ケープの非白人少数票の効力を希薄化させるためだった。Bernstein (1985), p. 83.
(54) 白人女性のインタヴューは、Goodwin (1984)。

*32 "Woman Question" と大文字で示される問題は、一九世紀末から二〇世紀にかけて欧米各国で焦点となっていた女性の高等教育、ならびに婦人参政権関連のことである。
*33 (一九三六年〜) 歴史家。

〇年に南アフリカにやってきて、非ヨーロッパ人とともに、非ヨーロッパ人のための教育関係の仕事をするようになった。リリー・モヤ、年の離れた男性との結婚を強要されて逃げ出した、若き聡明なアフリカ人女性。一九四九年、モヤはパルマーに接近し、教育を受けられるよう助けを求めた。苦労してモヤの財政援助を引き受けたパルマーだったが、まもなく、アフリカ文化に驚くほど無知で無神経であることが発覚してしまう。モヤが学校で単位を落とすと、パルマーは、ソーシャル・ワーカーのシブシシウェ・マクハンヤの助けを仰いだ。そのあげく、モヤ（仮名である）は精神を病むことになるのだが、この顛末は、「白人のリベラリズムは、気前はいいにせよ、限界がある」[52]ことを示す好例であろう。

　南アフリカのように保守的で抑圧的な国では、白人女性の大多数は、いかなる政治活動とも無縁だった。一九三〇年、白人女性に参政権が認められたときにはそれなりの興奮もあったが、それで彼女たちが以前にもまして政治に関心をもつようになったかといえば、そうではなかった[53]。オランダ改革派教会の保守的なイデオロギーにとり囲まれ、アパルトヘイト[*34]によって特権を与えられた白人女性たちは、自分たちの側で男性の支配に立ち向かうことはなかった[54]。それどころか、（アフリカーナー）国民党は、家父長制的に定義された妻や母という〔ジェンダーの〕役割に訴えかけることによって、扇動

アフリカの首長が黒人・白人双方の中間で、あいまいな仲介的立場にあったことを、ズールー王ソロモン・カ・ディヌズール（一九三四年死亡）を事例に研究。以後一貫して、白人中心の南アフリカ史の書き換えを試みた。現在、ロンドン大学東洋アフリカ研究部名誉教授。

＊34　アフリカーンス語（アフリカーナーの言語）で「隔離」を意味する。一九世紀末以来、生産性の低い指定地への隔離や労働力管理などをつうじておこなわれてきた非白人にたいする人種差別的隔離政策は、第二次世界大戦後、アフリカーナー国民党政権下で確立し、こうよばれた。その後、国内の解放運動の激化、ならびに冷戦体制の崩壊にともなう国際世論の反発などにより、九三年、全面的に廃止された。翌九四年四月、南アフリカ史上初の全人種参加の選挙がおこなわれ、反アパルトヘイト運動の闘士だったN・マンデラが大統領に選ばれ、体制としてのアパルトヘイトは消滅した。

者と噂された外部の人間や共産主義者、無神論者に抵抗するための支持を、白人女性たちから得ていた。一九七八、七九年に内閣閣僚の妻たちが編集した『女性、わが沈黙の兵士たち』では、白人女性のおもな役割をつぎのように確認している。女性たちは、外国のイデオロギーに抵抗できる子どもを育てなければならない。使用人たちのなかに〔政府を〕転覆させようといった気配がないかを監視し、国家の安全を守らねばならない。市民による防衛に参加し、国民党を支持しなければならない。男たちが国家防衛のために召集されれば、夫の「重荷」にならないように、家庭での自給自足を学習しなければならない(55)。

それでも、つねに少数ではあったが、南アフリカの進歩的な白人女性は、労働組合運動をつうじて、あるいは「アフリカ民族会議」(ANC*35)や「南アフリカ共産党」(CPSA*36)のような戦闘的な集団、ないしはブラック・サッシュ*37のようなリベラルな組織をつうじて、白人の特権に反対した。一九三〇年代には労働組合の組織化が活発化した。一九四八年にはアフリカーナー国民党が選挙に勝利し、それにつづいてアパルトヘイト政策が模索されるなか、一九五〇年代には、複数の人種をまきこんで大規模な非暴力抵抗運動がくりひろげられた。同じくらい大規模な弾圧で活動家たちは地下にもぐり、この状態が、労働者や学生が決起する一九七〇、八〇年代までつづい

(55) Goodwin (1984), Appendix B.

(56) "A Tribute to Ruth First," pp. 3-64. 他の投獄例は、First (1988) を参照。映画『引き裂かれた世界』(*A World Apart*) は、ファーストの生涯にもとづき、彼女の娘ショーン・スロヴォが制作した。

(57) Kimble and Unterhalter (1983), pp. 3-15.

＊35　一九一二年、原住民土地法案に反対して結成された反アパルトヘイト組織。非暴力主義による南アフリカの民主化推進を目的としていたが、しだいに過激化した。六〇年三月、ここから分離した一派がひきおこしたシャープヴィル大虐殺(本章＊41参照)で、ANC自身の活動も非合法化され、以後、地下活動で国際世論に訴える活動を展開した。

＊36　一九二一年、全人種に党員資格を認めた南アフリカ唯一の政治組織。とはいえ、モスクワからの指示で活動していたために、南アフリカ

た。こうした運動のすべてに女性の参加がみられたが、フェミニズムの問題は、人種差別反対、アパルトヘイト反対といった闘争の下におかれていた。

一九二〇年の設立以来、アパルトヘイト政策に反対してきた唯一の政党、南アフリカ共産党は、フェミニストの女性リーダーを数多く輩出している。同党は、一九五〇年以降、南アフリカで非合法とされたため、メンバーは、地下活動をするか、亡命か、もしくは、一九八二年に南アフリカの安全保障軍が送った郵便爆弾の犠牲となったＡＮＣ支持者ルース・ファースト[*38]のように殺されるか、いずれかの運命をたどった。[56] 一九六四年以降ロンドンに亡命することになるヒルダ・バーンスタインは、青年共産同盟に参加して、一九三四年、南アフリカにやってきた。彼女の演説は聴くものの心を奮い立たせた。彼女は、自分やほかの女性が共産党内部で経験した極端な男性優越主義にもかかわらず、共産党が自分の才能をのばし、オーガナイザーとしての成長を支持してくれると信じていた。そして、ほかの女性たちと協力してさまざまな女性組織や個々の女性を結集し、人種を超えた集団「南アフリカ女性連合」（ＦＳＡＷ[*39]）を創設したのである。[57]

一九五四年の創設からリーダーたちが地下にもぐる一九六〇年代初頭まで、ＦＳＡＷは、アフリカ人女性に一九五〇年まで免除されていたパス法[*40]が彼女たちにも適用されたことにたいして、積極的に抵抗した。一九五五年、

の現実と齟齬をきたし、混乱、分裂していく。

＊37　一九五五年、カラード（非白人）の公民権を排除する一連の法案に抗議して設立された、英語系白人ミドルクラスの女性組織。白い服に幅の広いサッシュ（たすき）を斜めがけしたことから、この名がつけられた。政治家の通り道で静かに頭を垂れて立つという抵抗のかたちをとったが、七六年にはこの行動も禁じられたため、都市部に黒人支援の法律相談事務所を設立する活動に切り換えた。

＊38　（一九二五〜八二年）ユダヤ系移民出身の南アフリカの活動家。一九六三年に逮捕されたのち、イギリスに亡命。八二年、モザンビークの南アフリカ研究センターで仕事中に郵便爆弾で殺された。

＊39　パス法（本章＊40参照）をアフリカ人女性に拡大適用しようとする政府決定に対抗して設立された女性組織。設立の中心となったリリアン・ンゴイ（一九五六年議長就任）

FSAWが組織した最初の大規模なデモは二〇〇〇人の女性を集めたが、その大半がアフリカ人であった。翌年、二万人の女性が、首相に請願書を渡そうと首相官邸に向かって行進した。政府が先手をうってその日の行列行進を禁じていたため、彼女たちは三つほどの集団に分かれた。この規律ある非暴力の抵抗も、ほかの反アパルトヘイト運動同様、うまくいかなかった。[58]

FSAWのリーダー層の核は、ANC女性同盟のアフリカ人メンバーだったが、白人女性が与えた支援も重要なものであり、アフリカ人とともに彼女たちも、一九六三年まで、FSAWの活動を厳しく制限する禁令やリーダーたちの逮捕に苦しんだ。政府は、一九六〇年のシャープヴィル大虐殺[*41]後の戒厳令のもと、バーンスタインを拘留した。[59] 労働組合のオーガナイザーでCPSAのメンバーだったレイ・アレキサンダー（レイ・シモンズ）は、政府の禁令によって運動や交友関係、政治活動が制限されるまではFSAWの第一書記を務めていた。[60] 政府は、アレキサンダーの後継者であるヘレン・ジョウゼフ[*42]を、一九五六年から六一年にかけて、反アパルトヘイト闘士らによる反逆罪裁判の被告人として告訴し、その政治活動ゆえに、一九六二年から七三年まで彼女を自宅軟禁状態においた。上層中産階級出身のイギリス人女性であったジョウゼフは自立志向が強く、一九三一年に南アフリカにやってくる以前には、インドをひとり旅し、そこで短い結婚生活を送った。衣料労働

(58) Walker (1982); Bernstein (1985), pp. 86–88.
(59) Bernstein (1985), pp. 86–88, *passim* and back cover. FSAWは、一九八一年にFEDSAWとして再登場した。
(60) Bernstein (1985), p. 86; 労働組合の組織化については、Berger, I. (1992) を参照。
(61) Joseph (1986); Kimble and Unterhalter (1983), p. 7; Lipman (1984), pp. 119–29; Lapchick and Urdang (1982), p. 147.
(62) Lapchick and Urdang (1982), p. 124.
(63) Lapchick and Urdang (1982), p. 129; Berger, I. (1992).

は、衣料労働者組合の女性活動リーダーで、五〇年代のパス法反対運動の中心的人物。女性初のANC全国執行委員会メンバーでもあった。
＊40　アパルトヘイト強化のために、一九五二年のバンツー改正法で制定された法律。一六歳以上のアフリカ

者組合での活動がうまくいったことから、彼女はFSAWの役員に選ばれた。(61)

労働組合運動からは、ほかにも、白人、非白人ともに有名な女性が出ているが、彼女たちも似たような代償を支払っている。やはりCPSAのメンバーであったメアリ・ウォルトンは、一九二一年、「失業労《ママ》働者組合」の結成に尽力し、人種差別反対のデモを率いた。一九三〇年、彼女はそうしたデモのひとつで逮捕されて裁判にかけられ、扇動的集会禁止令のもとで国外追放となり、一九三三年、南アフリカを去った。(62)四〇年後、衣料労働者組合の事務局長ハリエット・ボルトンは、男性優位の右翼的労働組合に闘いを挑み、アフリカ人の労働組合が違法だった時代にあって、アフリカ人とともに、彼らの諸権利を求めて労働組合を組織しようと奮闘した。一九七五年、彼女が南アフリカを離れた一因は、意見対立のためであった。(63)

人種隔離や人種偏見に立ち向かったことで、CPSAやANC、および進歩的労働組合の女性闘士たちは、みずからの自由と生命とを危険にさらすことになった。別の小さなグループでは、リベラルな女性たちが、投獄ではないにせよ、追放覚悟で、アパルトヘイトの抑圧を緩和するための活動を展開していた。こうした女性のなかでもっとも有名だったのは、ブラック・サッシュのメンバーで、国会議員でもあったヘレン・スズマン＊43である。アメリカ

人に、出生地、部族名、現住所、写真、指紋、雇い主のサインなど、必要事項を備えた身分証明書を常時所持することを義務づけており、アフリカ人の移動が大幅に制限された。八六年四月に廃止。

＊41　ANCから分離した過激派はパン・アフリカニスト会議（PAC）を結成し、一九六〇年三月、パス法に反対して全国規模の運動を計画した。パスをもたずに警察署前に集結し、自分たちを逮捕するよう警官を挑発し、司法機能を麻痺させようとしたが、ヨハネスブルク近く、シャープヴィルの警察署前で警官が発砲し、多くの死傷者を出した。それをきっかけに騒動は南アフリカ全土に拡大し、政府は非常事態を宣言してANCとPACを非合法化した。

＊42　（一九〇五～九二年）イギリス生まれの南アフリカ共産主義活動家。統一民主戦線（本章の＊46参照）の創設にも深く関与した。

＊43　（一九一七年～　）南アフリカの白人政治家。旧姓ガヴロンスキ

政治のコンテクストでいえば穏健、もしくは保守的であった彼女らの活動も、南アフリカの白人の大半からは過激とみなされ、若きアフリカ人闘士の多くからは、アパルトヘイトへの対応としては望み薄で適切ではないと軽蔑された。[64]

ブラック・サッシュは、一九五五年五月、英語系の白人[*44]女性のあるティー・パーティを起源とする。参加した主婦たちに政治経験はほとんどなかったものの、いわゆるカラード（混血）男性の制限つき選挙権を撤廃しようとする（アフリカーナー）国民党を不安なおももちで見守っていた。彼女たちの関心は、人種問題にたいするリベラルな姿勢からきていたわけではない。ブラック・サッシュの創設者のひとりで、のちに会長となるジーン・シンクレアは、当時の自分のことを、人種については保守的だったと述べている。むしろ彼女たちは、英語系市民として、アフリカーナー国民党の活動を、一九一〇年に成立した政治体制にたいする批判として、すなわち、征服された〔二つの〕ボーア人共和国が、圧倒的な英語人口をかかえるナタール、ケープ両州と融合してできた南アフリカ連邦[*45]という自治体制を非難するものだと考えた。南アフリカ連邦という政治体制は、英語が支配的であった後者二つの州については、制限つきながらも、人種を問わず参政権を認めていた。この人種不問の参政権を攻撃するアフリカーナーを前に、女性たちは、〔南ア

（64） Goodwin （1984） を参照。

（65） Michelman （1975）, pp. 24-28, 34-38.

ー。リトアニア出身のユダヤ系移民の子として、トランスヴァール州ジャーミストンに生まれる。ウィットウォータースランド大学卒業後、同大学講師（経済史専門）となるが、一九五三年、連合党選出の国会議員として初当選。まもなく、他の一一名の仲間とともに連合党を脱退し、

フリカ連邦成立時の〕もともとの体制を支持して立ち上がった。かくして、人種的正義にたいする関心からではなく、イギリス人とボーア人の対立から行動をおこした白人女性たちは、「政治体制擁護女性同盟」を設立し、アフリカーナーの若者集団から投げつけられる脅迫や石、ごみに耐えながら、黙ってじっと立ちつくしたまま、政府官邸で二晩徹夜した。組織の名称は、後年、その〔一九一〇年〕体制の死を悼んで彼女たちが身につけた黒い襷《たすき》にちなんだものである。(65)

白い南アフリカという人種イデオロギーに忠実だったブラック・サッシュは、白人組織としてはじまった。メンバーは参政権をもつ女性に限られており、それが事実上、非白人の入会を禁じる手段をはっきりと講じなくても、メンバーはすべて白人という結果をもたらしていた。最左翼グループはこの制限方針を厳しく非難し、アパルトヘイトは南アフリカ問題の核心であり、直接異議申し立てをすべきだと主張した。シンクレアを含むほかのメンバーは、メンバーシップが当初から誰にでも開かれていたならば、ブラック・サッシュはなんの行動もおこさなかっただろうと確信していた。ブラック・サッシュに合法性を与えていたのは、英語系の著名な女性たちの存在であったが、その女性の多くはこの組織に参加していなかっただろう。政府がブラック・サッシュのデモを認めたのも、その人種的排他性ゆえであった。一九五

五九年に進歩党を結成。六一年以降、進歩党唯一の国会議員として、アパルトヘイトに反対しつづけた。黒人居住地区住民からの尊敬と信頼は厚く、七八年には国連人権章を受賞。一九九四年、アパルトヘイト廃止後の総選挙では、選挙監理委員会で重要な役割をはたした。

＊44　南アフリカは、ナポレオン戦争後の一九世紀前半はイギリスの植民地形成により、一九世紀後半は鉱山開発をつうじて、多くの移民を集めた。大半はイギリス出身者だが、それ以外の人びともいる。南アフリカ史のなかでは、この国の統治方法をめぐり、もうひとつの白人集団であるアフリカーナーと激しい対立をくりかえした。

＊45　南アフリカ戦争後の一九一〇年、それまで別々だった四つの国、ケープ、ナタール、トランスヴァール、オレンジ自由を州として再構成したイギリスの自治領。成立直後から人種差別的な法律を通過させていった。

〇年代末、ブラック・サッシュが南アフリカの現状に合うように再編成され、アフリカ人のグループといっしょに活動しはじめたとき、この組織は、創設者で初代会長を務めたルース・フォリを含め、白人コミュニティにおけるメンバーシップの基盤を失った(66)。一九六三年、ブラック・サッシュは多民族組織となった(67)。一九五〇年代に一万人であった会員は、一九八一年までに一一〇〇人に落ち込んだが、一九八〇年代末には二七〇〇人にまで回復している(68)。

　組織としての努力がまったく失敗だったため、ブラック・サッシュの活動は方向転換を迫られた。一九六〇年代初頭までに、ブラック・サッシュは、白人女性を動員するという幸福感からも、白人の大衆組織という夢からも離れて、平凡で気の滅入る仕事をするようになった。すなわち、〔この〕白人組織は、アフリカ人にたいする特定の法律がどのような効力をもっているかを調査し、アパルトヘイト禁止事項の迷路に陥ったアフリカ人に助言を与える「相談事務所」を開設したのである(69)。この実践的な仕事をつうじて、シンクレアのように保守的な社会観をもっていた白人女性の前に、南アフリカの黒人たちの生活の現実があばかれ、彼女たちの社会にたいする見方を変えていった。一九五〇年代以降、アパルトヘイトに反対していたほかの組織が実質的に禁止され、そのリーダーらが投獄や亡命をよぎなくされた場所で、ブ

(66) Michelman (1975), pp. 35–42, 88.

(67) Lapchick and Urdang (1982), p. 147.

(68) Goodwin (1984), p. 139; Duncan, S. (1989), p. 315.

(69) Michelman (1975), chap. 5.

ラック・サッシュは、法律に忠実であることに細心の注意を払ったがゆえに、生き残ったのである。くわえて、前会長シーナ・ダンカンはこういう。「彼ら［政府］は、私たちが女性であるがゆえに、その影響力は心配するようなものではないと思っていたのです。私たちは不平等だったがゆえに、〔禁令や迫害の対象を〕免れたのです。カルヴァン派の女性定義によればそうなります。どんな女性であろうと、国民党やオランダ改革派教会のメンバーが女性のことを真面目に受けとることなど、ほとんど不可能なのです」[70]。一九八〇年代、反アパルトヘイト闘争が高まるなか、ダンカンは和解提案に反対し、断固としてANCや統一民主戦線[*46]の闘士を支持した。とはいえ、彼女は、ANCの一部であった社会主義的・マルクス主義的な政策は支持していない。

ヘレン・スズマンの活動があきらかにしたのは、南アフリカにおけるリベラルな白人女性の努力が孤立しており、表向きは役にたたず、しかも限界があったことである。一九五三年以降、進歩党の議員であったスズマンは、長年、アパルトヘイト立法に立ち向かう唯一の反対の声であり、その粘り強さと献身が賞賛された。彼女は、都市の黒人問題と市民権の専門家であり、議会には彼女に共感を寄せる同僚議員もいた。にもかかわらず、彼女が代表を務めた政党は普通選挙権に反対していたのである[71]。

(70) Goodwin (1984), p. 142.

(71) Lipman (1984), pp. 54–56; Goodwin (1984), pp. 33–37; Lapchick and Urdang (1982), pp. 156–57.

＊46 労働組合やスポーツ団体、女性や青年の組織など、全人種からなる五七五の組織代表一〇〇〇人が集まり、一九八三年八月、反アパルトヘイト運動の調整を目的に設立された組織。ANCの政策を尊重し、すべての民主主義者が結集できる団結力のシンボルと目された。

このように、アフリカやアジアでさまざまに活動したヨーロッパ人改革者には、地理的地域や時代を越えた共通点がある。人種偏見に満ちた植民地社会のヨーロッパ人として、彼女たちはみな、白人であるという特権から恩恵を得ていた。白人女性たちは、自分たちの特権的な立場を、現地人の男女に開放しないやりかたで利用するのがせいぜいだった。女性たちは、〔現地人よりも〕権力（選挙権や官職保有権、植民地役人の耳）に近づくことができ、他者の生活に大きな影響を及ぼす政策決定を左右しようとした。なかには、高等教育や医療訓練などに特別の才能があり、それを現地人に教え、彼らのために使おうとする女性もいた。現地の女性たちが、彼女たち自身の優先順位にしたがって運営できるような集団をつくるために、時間ならびに組織化のための手腕をささげた女性もいた(72)。

こうした女性たちの実際的な貢献は、植民地状況のなかの人種的な力学に政治的焦点をあてるナショナリストの怒りを買った。一九六〇年代までに、ローデシアの女性クラブは、ナショナリストのリーダーからの攻撃にさらされるようになった。リーダーらはクラブをボイコットするよう、アフリカ人によびかけた。ケニア・ナショナリストのリーダー、トム・ムボヤは、「白人女性はアフリカのナショナリズムにとってもっとも危険な敵だ……と語ったといわれる」が、それは一部に、「アフリカ人女性に白人女性が共感し、

(72) Ramusack (1981b), pp. 205-07; Ramusack (1990), pp. 309-21. ジャニス・N・ブラウンフットは、植民地マラヤのイギリス人女性のしたことは、基本的に進歩的であったと述べている。彼女たちは、のちにリーダーとなるアジアの女性たちに「新しい考え方、原理、〔そして〕慣習」を紹介し、その過程で究極的に、植民地帝国が基盤としていた白人優位の考え方を浸食したのであった。Brownfoot (1984), p. 200.

両者が協力すれば、白人支配にたいする怒りの刃先が鈍ってしまうからだった」[73]。

〔現地社会のために〕献身したにもかかわらず、自分たちの社会や時代の価値観、枠組みを免れることができたヨーロッパ人女性はほとんどいなかった。母娘関係をモデルに現地人女性と交流しながら、「母《マザー》・国《カントリー》」という概念で表象される母権主義的なヒエラルキーを個人的な関係で再現した女性もいた。彼女たちは、育み、助けるという〔女性に〕なじみの役割を引き受けたがゆえに、現地人女性をほんとうに対等な存在として認識したり、しようとしたりすることはなかった。母と娘は対等ではないのだから。世代は不平等なものであるという考え方はもっともらしく思われた。世代間の不平等という心地よい感情は、露骨な自民族中心主義がいったん受け入れられなくなればとくに、いともたやすく、人種的、あるいは文化的な優越感とぴったり重なることができたのであった[74]。

(73) Kirkwood (1984a), p. 160では、引用の出典がないまま、わかりやすく言い換えられている。

(74) Ramusack (1990), pp. 309–21. Lind (1988), p. 109; Burton (1990), pp. 295–308.

結論

ヨーロッパ人女性という集団はこのように実に多様であったため、彼女たちにはひとつのディナー・テーブルを囲んで集まるような理由などなかっただろう。彼女たち相互の違いは根深く、それぞれの社会階級や経済的な見通しが、彼女たちの経験にかなり異なる媒介変数《パラメータ》となっていた。彼女たちが参加した宗教組織は改宗者を奪いあった。植民地行政官である夫が押しつける制約に入植者たちは悩まされたが、行政官のほうでは、男にせよ女にせよ、入植者や宣教師、旅行家たちのおせっかいにうんざりしていた。女性と帝国をめぐるヨーロッパ人女性の政治的な見解は、フェミニズムや現地の人びとにかんする彼女たちの知識レヴェル同様、かなりばらつきがあった。それでも、すべてのヨーロッパ人女性は、経済的、政治的、イデオロギー的にヨーロッパの覇権が現在第三世界とよばれる地域を圧倒していた時代を生きのび、男性優位の考え方や男性による女性支配の現実がつくりだした制度や文化様式、個人的な関係のなかで活動していたのである。彼女たちが、アフリカやアジアの女性たちとともに、シルヴィア・リース－ロスの本からひっぱりだした料理だけでなく、同時代のアフリカやアジアの料理がたくさん並んだディナー・テーブルを囲む様子を想像していただきたい。彼女たちが、ポスト・コロニアル的な見方やフェミニスト的思考といった恩恵に浴しながら、文化の違いを超え、歴史を越えて対話する姿を思い浮かべていただきたい。彼女たちは、〔ヨーロッパ人と現地人のあいだの〕境界を線引きする植民地時代の社交儀礼をとりおこなっているのではない。彼女たちには議論することがたくさんあったことだろう(1)。

彼女たちの会話からは、ヨーロッパ人女性が植民地におけるイギリスの帝国的企てからどうやって恩恵を得ていたか、多種多様で具体的な手法があきらかになる。アフリカ人女性のなかにはつぎのように主張する人がいる。農場経営の試みがどんなにむずかしく、うまくいかなかったにせよ、ケニアのアリス・シンプソンやカレン・ブリクセン、ローデシアのヒルダ・リチャーズといった入植者たちは、土地を手に入れることができたじゃないの、その土地から、植民地政府によって、便宜上、私たちは追い出されたのよ、と。植民地では最貧困層のヨーロッパ人入植者（そして貧困を選択した入植者）をのぞけば、白人入植者は全員、使用人を抱えることができたし、本国以上

（1） このメタファーは、ジュディ・シカゴが立体芸術「ディナー・テーブル」で、キャリル・チャーチルが彼女の芝居「トップ・ガールズ」で、〔それぞれ〕使ったものである。〔もっとも〕それでは、私の批判が時代錯誤的に歴史上の人物に向かってしまうのが欠点だ。

の生活水準を手にする可能性もあったという人もいる。それを手に入れるために私たちは植民地に来たのよ、と労働者階級の女性はいい張る。インドの典型的なメムサーヒブは、イギリス支配の時代をつうじて、どうやって自分と友人たちがこの生活様式を胸に抱き、インド在住のイギリス人文化を創造したかをふりかえる。ヨーロッパ人行政官の妻のなかには、植民地主義のもと、夫の経歴から物質的な恩恵と威信を得てきたことを認めつつも、自分たちは〔夫の役職に〕組み込まれた立場だったから、恩恵の価値も限られていたのよと、あわてて指摘する者もいる。ヨーロッパ人行政官の手の届かないところで思いきった行動をしたかにみえる冒険好きなヴィクトリア時代の旅行家《トラヴェラー》ですら、自分たちは、アフリカという「暗黒大陸」をヨーロッパが「切り開こう」とするプロセスの一部だったと認めている。あなたがた〔ヨーロッパ人女性〕と比肩できる第三世界の女性が、ヨーロッパを「切り開こう」という逆方向の帝国主義の恩恵に浴することはなかったわと、アフリカ人女性たちはいう。たしかに、アフリカ人女性は、メアリ・スレッサーやメアリ・キングズリの奮闘がどれほどアフリカをヨーロッパの活動領域に組み込むことを助長したかに気づいている。

のちにわかったことを含めて、テーブルについたわれわれのディナー・パーティの招待客たちはさらに議論を進め、自分たちが「白人の責務」という考えにとらわれるあまり、政治・経済面で、あるいは人種差別主義やショーヴィニズムにかんしても、いかに帝国主義批判を展開できなかったかについて話しあう。ステレオタイプにしたがうメムサーヒブは、自分たちだけが人種的・文化的な優越感を示したわけではないと主張する。高い志を胸に抱いて植民地にやってきた女性のなかに、自分もそうだったと認める人もいる。インドの女性は、アネット・アクロイド・ベヴァリッジがインドでみせた母権主義を批判し、タンザニアの女性は、女性宣教師がアフリカ人女性に見合ったキリスト教の儀礼をつくりだせなかったのは、彼女たちが（そして彼女たちの教会が）現地慣習について文化的に無知だったからだという。

つぎなる会話は、帝国主義によって動きだしたプロセスや制度、信念が、どのようにして植民地でヨーロッパ人女性がとる行動や態度の媒介変数になったか、についてである。アフリカ人女性たちはこうふりかえる。ヨーロッパ列強が植民地をもつ権利は、ほかからの挑戦をまったく寄せつけなかった、それゆえに、学者の多くは、より効果的な行政基盤を提供することによって、自分たちの研究が究極的に現地の人びとのためになると信じていたのだ、と。エレアノール・ラスボンは、自分の背後にいるイギリス植民地省の権力に訴えかけることで、女性にとって悪だと思われる現地慣習——性器切除や幼児結婚——に自分がいかに立ち向かえたかを詳細に語る。しかしながら、彼女のインド人の友人たちはこうこぼす。その立場にいたから、あなたも、ほかのヨーロッパ人女性も、植民地化された女性のために、本物の現地の答えを創造できなかったのよ、と。だから私は、一九四〇年代、インドの〔独立という〕大義と直接かかわることから手をひき、その活動をインド人女性たち自身に譲ったのよと、マーガレット・カズンズは明言する。

ディナー・パーティの招待客が〔テーブルに〕ずらりと並んだ国際色豊かなデザートを試食するころ、彼女たちは、帝国主義という次元の高い話題から、もっと自分たちの身近で感じる、それでいて帝国主義と同じく、周囲にあまねく広がる男性支配のありかたへと話を移す。マザー・ケヴィンは、ローマ教皇庁との闘いの話をして、グループの女性たちをおおいに楽しませる。組織ぐるみの男性支配経験を共有する植民地行政官の妻たちは、一九三〇年代まで、植民地省は地方官の妻が植民地に同行するのを嫌がったわね、とふりかえる。彼女たちは、第二次世界大戦後になるまでイギリス植民地官僚のなかで女性がはたす役割など〔男性と比べれば〕相対的になかったわ、とつけ加えることを忘れていない。

「エリザベス女王植民地看護制度」[*1]に参加したことのある女性は、家父長制的な価値観がいかに根深く植民地の労働力構成とかかわっていたかを説明しながら、女性は、教師や看護婦といった昔ながらの補助的な役割に採用さ

＊1　第II章八九頁の「エリザベス女王海外看護制度」と同じ。

れたのです、という。自分に開かれた選択範囲は限られており、家事使用人か低賃金の女性労働、そして（あるいは）結婚のいずれかだった、と話すのは、南アフリカ植民協会の新入会員だ。売春婦のなかにも、ヨーロッパ人の〔男女〕人口比のバランスがとれていない植民地で、男性の性的ニーズに応えた自身の経験を話す者がいる。売春行為においてどの程度女性が犠牲となっていたのか、彼女たちにどの程度選択の余地があり、どれくらい主導権が許されていたかなどをめぐっては、売春宿の女将と街娼のあいだで意見は分かれたが、その根底に家父長制的な価値観があったという点で両者は一致している。

家父長制的な価値観は、教会や国家といった制度や経済のみならず、招待客が生きた文化全般をおおっていた。メアリ・キングズリとローラ・ボイルは、植民地行政が有する相対的な利点にかんして意見は違っていたものの、礼儀作法を守る必要性については会話をかわすことができた。キングズリは、西アフリカを旅行中、女性としてちゃんとした服装をしていなければぶつかったにちがいない問題とは何だったかを吐露する。ボイルが回想するのは、アクラでの植民地の集まりで経験した社交のしくみと儀礼の入念さであり、それを植民地主義と男性支配という二つの構造に合わせて維持する際、自分の役割がどんなに大切だったかについてである。

デザートにつづいてコーヒーと紅茶が出されると、議論にはより親しみがましてくる。ヨーロッパ人女性と現地人男性の〔正式な〕結婚でさえ禁じながら、ヨーロッパ人男性が現地妻をとることには目をつぶる（ときに歓迎する）。このダブル・スタンダードに疑問をはさむ女性がいる。タンガニーカのマサシにある国教会系の宣教師たちは、国教会の神学には、女性のセクシュアリティや官能について、アフリカ人女性に伝えようと思えるちゃんとしたイデオロギーがないと嘆く。なるほど、というのはパプアにいたヨーロッパ人女性たちだ。騎士道は、究極的に、女性は受け身であるという考え方と結びついていたのね。彼女たちのために、かつてパプアで「白人女性保護条令」が通過した。文化規範だけじゃないわ、女性にたいする経済的な制約もセクシュアリティのかたちを決めたのよと、南アフリカやインドからやってきた売春婦は異口同音に語る。

そして、夜もふけると、ディナー・パーティの参加者たちは、帝国のさまざまな辺境ではたしたヨーロッパ人女性の役割に、思いおもいの感慨をめぐらせるのであった。

訳者解題　「帝国、ジェンダー、そして人種」
――ポスト・コロニアルだが、ポスト・インペリアルではない時代に

女たちのディナー・パーティ

シュトローベルの原著出版から一〇年あまりの時間が経過した。その間に、「女たちのディナー・パーティ」で話題となった大英帝国、ジェンダー、人種、階級といったテーマには、新しい業績がつぎつぎと積みかさねられてきた。その様子を、シュトローベルは「日本語版に寄せて」のなかで「わくわくするような展開」と表現しているが、すでにその予感は、本書で網羅的に言及された議論そのものに認められる。その意味で、本書結論部の「女たちのディナー・パーティ」は「わくわくするような展開」のはじまりだといえるだろう。

もっとも、時間も空間も共有することのなかった女性たちを一同に会させ、彼女たちに帝国やジェンダー、人種や階級などについてそれぞれの視点から語らせるという「ディナー・パーティ」の設定そのものには、歴史研究

者として訳者に異論がないわけではない。われわれ同様、彼女たちはみな、各自が生きた時代や社会の制約のもとに置かれ、それを意識しつつ、ときに抗い、ときに何かをあきらめ、それでも自分が最善だと信じることを実行しようとしたにちがいないからである。その歴史的コンテクストを抜きにして、「その後」を知っているわれわれが、彼女たち、すなわち、自分たちの規範を植民地にもち込み、現地社会に手を加えようとしたヨーロッパ人女性の言動を非難、否定しても、あまり意味がないだろう。

実は、シュトローベル自身、いまならばもうすこし別のエピローグを考えたかもしれない、と訳者に口にしたことがある。それは、「ディナー・パーティ」という言葉が醸しだすあるニュアンスを意識してのことだろうと推察される。そして、このニュアンスゆえに、訳者には、このエピローグ的結論部には、帝国におけるジェンダーと人種の重層性を再考する手がかりが滲んでいるように思われるのである。本書の内容に踏みこむ前に、まずはこの点にふれておきたい。

著者シュトローベルが結論部のモティーフに使った「女たちのディナー・パーティ」は、彼女自身が注で明示しているように、彼女と同年代の女性の手になる二つの作品に依拠している。ひとつは、現代イギリスを代表する劇作家、キャリル・チャーチル（一九三八年〜）の芝居『トップ・ガールズ』

（ロイヤル・コート劇場にて一九八二年初演）。もうひとつは、アメリカの芸術家、ジュディ・シカゴ（一九三九年〜）による、その名も「ディナー・パーティ」という陶製のインスタレーション（一九七九年完成）。ともに、神話や歴史のなかから選ばれた女性たちがディナー・パーティに招待され、テーブルを囲むという設定となっている。

　前者では、人材派遣会社の取締役となった主人公マーリーンが、自分の昇進を祝うために、歴史に名を残した五人の女性[*1]をロンドンのレストランに招く。女性たちは思い思いに、自分がどのようにしてトップ・ガールになったか、すなわち、それぞれの世界でどうやって成功したかを語る。いうなれば、ある時代と社会を「男たちの物語」ではなく、「女たちの物語」として綴るわけである。その語りのなかで、主人公がトップ・ガールになるために失った代償があきらかにされていくのだが、この筋立ては、いかにもキャリル・チャーチルらしい。彼女は、家父長制や資本主義、階級や人種の問題を周縁に追いやられた立場からとりあげ、これまでくりかえされてきた搾取の歴史を検証するというスタンスをとることで知られている。すでにこの戯曲は現代劇の古典ともいわれており、その第一幕を飾るディナー・パーティは、女たちが自分たちの物語を語る場、過去と現在が重ねあわされ、女性の光と影があぶり出される場、として記憶されているのである。もっとも、

＊1　この五人は、登場順に、女性旅行家のイザベラ・バード、鎌倉時代に後深草上皇に仕えた女房で『とはずがたり』の作者である二条、一六世紀フランドルの画家ブリューゲルの絵画に描かれた狂女フリート、男装の女性教皇ジョヴァナ、中世文学に登場する忍従貞淑な妻グリゼルダ、である。ストーリーの詳細は、キャリル・チャーチル（1992）。キャリル・チャーチルは、オクスフォード大学レディ・マーガレット・カレッジ在学中、『階下（*Downstairs*）』で全国学生組合演劇祭で賞をとり、一躍その名を知られるようになった。他に『クラウド9（*Cloud Nine*）』（一九七九年）、『狂った森（*Mad Forest*）』（一九九〇年）などの作品がある。

「トップ・ガール」を招待したこのディナー・パーティのメッセージ性は、現代よりも初演当時、すなわち、マーガレット・サッチャーという「トップ・ガール」が現れ、イギリスの政治、経済、そして社会の価値観を大きく揺るがしはじめた一九八〇年代において、より強烈だっただろう。その意味からも、本書のテーマとの関連では、後者、「ディナー・パーティ」と名づけられたテーブルのほうが、より示唆的といえるかもしれない。

この作品は、一辺が一四メートルの正三角形のテーブルで、その上に、各辺一三人、合計三九人分の皿が並んでいる、というものだ。皿の存在によって示される三九人の招待客は全員女性であり、『トップ・ガールズ』同様、神話や歴史上の人物から選ばれており、サッフォーやエリザベス一世、ヴァージニア・ウルフといった彼女たちの名前は、各皿の下に敷かれたマットの刺繍から知れる。四〇〇人のヴォランティアの協力と五年の歳月を費やし、一九七九年に完成したこの作品は、サンフランシスコ近代美術館に展示されると、三か月で九万人の入館者を集めた。[*2] その後、六か国、一五か所を回り、一〇〇万人を超える人の目にふれたといわれている。

女性たちの苦労をねぎらい、その業績をたたえ、たがいの連帯をよびかけるという作品のコンセプト自体はフェミニズム・アートの系譜に位置しており、シュトローベルがこのコンセプトを援用したことはまちがいない。もっ

＊2　ジュディ・シカゴの「ディナー・パーティ」にかんする情報は、批判も含めて、北原（1998）に依拠している。なお、磁器製タイルが敷きつめられた床には、芸術や音楽、科学や医学に名を残した女性九九九人の名前が刻まれている。

とも、この作品で「女たちの物語」を紡ぎだすのは、招待客が交わす「想像上の会話」ではなく、テーブル上に置かれた陶製の皿であるが、問題は、それが女性性器を象ったものだったことである。それが展示直後からさまざまな物議を醸しだし、そのなかで、「ディナー・パーティ」という言葉自体に特別の含みが与えられるようになっていったと考えられる。

　招待客を示す性器を象った皿——すなわち、女性の人格を女性性器に還元してしまうこと——にたいしては、女性を伝統的なイメージにからめとり、昔ながらの「女性性」を再生産する本質主義であるという批判が、フェミニズム内外から相次いだ。その後、一九九六年には、制作された七〇年代という時代のコンテクストのなかで「ディナー・パーティ」を見直そうとする展示、「性の政治学——フェミニスト美術史におけるジュディ・シカゴの〈ディナー・パーティ〉」[*3]がおこなわれ、シカゴ自身の二冊目の自伝出版[*4]ともあいまって、この作品をめぐる激論は九〇年代にも継続された。この作品を模倣した新しい「ディナー・パーティ」がいくつか、ウェッブ上に出現している現状[*5]も、そのインパクトの大きさを物語るだろう。

　このように出典を明記して使われた女たちの「ディナー・パーティ」は、たんに女性が集まって楽しいパーティを開いているという無邪気なものではけっしてない。それは、女性とセクシュアリティ、「女性性」などにかんし

＊3　Jones (1996). 展示は、一九九六年四月二四日から八月一八日までＵＣＬＡ (Armand Hammer Musuem of Art and Cultural Center) でおこなわれた。

＊4　Chicago (1996).

＊5　たとえば、オーストラリアの女性グループによる Progressive Dinner Party (http://califia.hispeed.com/RM/predinner.htm) を参照。

て、きわめてシンボリックな連想を誘うものなのである。

とりわけ、本書がテーマとする帝国、ジェンダー、人種とのかかわりで注目されるのは、表象美術論の北原恵氏が指摘する「性器が描かれていない」二枚の皿の存在であろう。そのうちの一枚は、元奴隷のソジョーナー・トゥルース（一七九七?～一八八三年）である。[*6] 逃亡して自由の身となったのち、神の啓示を受けてカリスマ的伝道師となり、アメリカ各地で奴隷廃止と女性解放を訴えたこの黒人女性を示す皿には、三九枚の皿のなかで唯一、三つの顔が描かれており、他の招待客との差は歴然としていた。この差は何を物語るのか。

本書第Ⅳ章で議論された女性性器切除（ＦＧＭ）問題への発言で知られるアフリカ系アメリカ人作家、アリス・ウォーカーは、この展示を見た瞬間にこの表象の差に気づき、「白人フェミニストには、黒人女性が〈自分たちと同じ〉ヴァギナをもっていることが想像できないのだろう」[*7]という辛辣な感想を残している。ほかにも、トゥルースの皿のみ性器表現が削除されたことを白人女性による黒人女性への「去勢」とみなした批判、さらには、「なぜシカゴはトゥルースを招待客として選んだのか」の答えを奴隷解放という欧米の「文明化」にたいするトゥルースの貢献に見いだし、そこにジュディ・シカゴの欧米中心主義を認めた批判などが寄せられている。こうした批判か

*6 北原（1998）、一一一～一一二頁; Jones (1996), p.101. なお、ソジョーナー・トゥルース（Sojourner Truth）についてはタトル（1998）を参照。もう一枚は、戦闘的な女性参政権運動家として知られるイギリス生まれの男装のピアニスト、エセル・スミス（Ethel Smith, 1858-1914）であり、彼女の皿にはピアノの譜面台が描かれている。

*7 Jones (1996), p. 101; 北原（1998）、一一二頁。出典は、Alice Walker, "One Child of One's Own: A Challenging Personal Essay on Childbirth and Creativity," *Ms.* August 1979, p. 72.

らは、非白人の表象にかんして、「ディナー・パーティ」が白人フェミニズム批判とも深くかかわっていたことがわかるだろう。すなわち、本書結論部の「女たちのディナー・パーティ」は、男性中心の歴史記述の書き換えのみならず、白人中心に描かれてきた物語の書き換えをどうするかという、ジェンダーと人種の重層性を問い直すモティーフだったのである。

以下では、シュトローベルの「ディナー・パーティ」終了後、大英帝国とジェンダー（あるいは女性）、人種などをめぐる研究がどのように展開してきたかを紹介しながら、本書が提示したいくつかの論点について考えてみたい。本書が提起した問題はどのように議論されてきたのか、それは帝国とジェンダー、人種をめぐる新しい研究動向とどのようにつながっているのか。これらを検証しながら、大英帝国という歴史的空間分析についてささやかな展望を示すことができれば幸いである。

「男たちの物語」から「女たちの物語」へ

植民地でイギリス人（広くはヨーロッパ人）女性は何をしたのか。植民地において彼女たちは何だったのか。彼女たちにとって、植民地とは、大英帝国とは何だったのか——これらをあきらかにすること、すなわち、植民地におけるヨーロッパ人女性の姿を可視化することが、著者シュトローベルが本書で試みたことである。対象とする時期は、原著タイトルにある「第二次英帝国」、すなわちアメリカ独立後の一八世紀末以降、インドを大きな核としつつ、アフリカ大陸が本格的に帝国というシステムに組み込まれていく時代、一九世紀後半から二〇世紀前半にかけての、いわゆる大英帝国の全盛期である。本書でシュトローベルがふれている地域は帝国各地に及んでいるが、それは「帝国と女性」というテーマを包括的に扱いたいという著者の主張（本書一五‐一六頁）を反映するものであろう（なお、煩雑さを避けるために、本書では「第二次英帝国」に「大英帝国」という訳語をあてた）。

こうした問題のたてかた、時代や地域の（いささかおおざっぱとも思われる）設定からは、シュトローベルの問題意識がきわめて鮮明に読みとれよう。まずは、歴史記述のなかに女性の声をとりもどすことである。従来、大英帝国を扱った歴史記述には女性の姿がなかったし、女性不在のままでも帝国の歴史、植民地の歴史は書けると思われてきた。いや、現に女性不在の「帝国史」あるいは「植民地史」が、いくつも生産されてきた。それら「男たちの物語」のなかで、帝国という空間は、「南アフリカの巨人」とよばれたセシル・ローズ、宣教師にして冒険家のリヴィングストン博士、「間接統治の父」といわれる植民地行政官フレデリック・ルガードといった白人男性が活躍する場所であり、インド大反乱（セポイの反乱）や南アフリカ戦争

（ボーア戦争）といった有名な戦いの一大絵巻であり、貿易や産業、現地の農園経営などをめぐる経済的なメリット、デメリットがせめぎあうところであった。そこに女性たちの居場所はないとされ、そう語られてきた。

それだけではない。第二次世界大戦後、植民地の独立（イコール「帝国」の消滅）にともない、それまで帝国史や植民地史の枠組みのなかで議論されてきた経済搾取やナショナリスト運動の発展といった問題は、それぞれの国民史《ナショナル・ヒストリー》へと、記述の収まりどころを大きく変えた。たとえば、「地域研究《エリア・スタディーズ》」として展開しはじめたアフリカ史のなかでは、植民地主義下にあってもアフリカの「伝統的」諸制度が意味をもちつづけていたことが強調され、ヨーロッパ植民地帝国による支配をアフリカ史の一エピソードと捉える見方も提示された。それでも、そこに女性の姿がないことに変わりはなかった。

女性は帝国史のなかで無視されただけではなかった。植民地にイギリス人女性（広くはヨーロッパ諸国やアメリカからきた白人女性）が現れると、彼女たちには植民地支配の否定的な側面が強調され、「帝国を破壊した」という神話が創られたのである。話を単純化してしまえばこうなる。白人女性は白人男性以上に人種差別主義者であった。怠け者で何もしないどころか、男性が苦労して築きあげた現地社会との「友好関係」を壊した。その結果、帝国はだめになった——。植民地は彼女たちが活動できる気候や風土ではなかったという「弁解」もなされたが、いずれにしても、植民地のイギリス人女性は「悪者か犠牲者」のどちらかでしかなかったことになる。

「女性が帝国を破壊した」という語り、「悪者／犠牲者」（あるいは「聖女／売春婦」）といった二項対立の図式に、慎重な検討が必要であることはいうまでもない。こうした語りが周縁へと追いやり、うまく隠匿してしまった問題がありはしないだろうか。シュトローベルはこう問いかける。植民地における「友好関係」＝白人男性と現地人女性との関係のなかで、両者の間に厳然と存在したはずの「不平等」が問題にされなかったのはなぜか――。こうした疑問を含めて、「女性が帝国を破壊した」という神話構築のプロセスそのものに、著者は、女性を「他者化」し、もっと重要な問題を黙殺しようとする営みを認め、そこから大英帝国の再考を押し進めていく。著者のこの問題意識を尊重し、この神話の分析にあてた第I章の章題を邦訳のタイトルとした。

女性が主体性を回復すれば……

一九八〇年代以降、歴史学や文学、人類学を含む人文学研究をとりまく環境の（ハード・ソフト両面における）変化のなかで、「帝国とジェンダー（あるいは女性）」をめぐる再考は活発に進められてきた。女性不在の帝国史

（ないしは植民地史）の記述を見直すこととは、なによりもまず、植民地に渡ったヨーロッパ人女性の「主体性」を回復することであった。[*8] 男性の手になる歴史記述のなかで「他者」として描かれた女性の「主体性」を回復することは、「男たちの物語」として描かれてきた帝国史（あるいは植民地史）を、「女たちの物語」に書き換える作業でもあった。なぜ女たちは海を渡ったのだろう……。

幸いにも、イギリスの岸を離れ、海を渡って植民地に向かったイギリス人女性たちは、膨大な回想録や旅行記を残していた。彼女たちが残した記録はつぎつぎと発掘されて公刊ないしは復刊され、まずは帝国における女性を可視化する作業がおこなわれた。つづいて、同時代の男性が残した記述との比較が、時をおかず試みられるようになった。「下からの歴史」を標榜する社会史研究が隆盛をきわめた一九八〇年代、イギリス人女性の残した記録と記憶の掘り起こしは、植民者《コロニスト》を脱構築するプロセスでもあった。それは、帝国政策を左右する「男たちの物語」として書かれ語られてきたものの「主体」（イコール、帝国史のなかで女性を「他者化」してきた存在）を再考する作業だったといえよう。

たとえば、シュトローベル自身があきらかにしてくれた「アフリカ人男性のセクシュアリティを恐れる白人女性」という語りの虚――。「女たちの物

＊8　Formes (1995); 粟屋 (2001)。

語」では、南アフリカに渡ったイギリス人女性が「アフリカ人男性による白人女性へのレイプ」を恐れてもいなければ、そうした経験もほとんどなかったことがあきらかになった。すると、当然のことながら、「男たちの物語」のなかで「白人女性の保護目的」で制定された（と少なくとも語られてきた）人種差別的な法律は、その意味と役割を大きく変えざるをえない。では、「アフリカ人男性による白人女性へのレイプ」という語りはいったい何だったのか。それを考えるなかで、白人女性の植民地への登場は、例の神話のいう「帝国破壊」の原因ではなく、むしろ結果、あるいは、もっと大きな「何か」を隠すための口実であったことがあきらかとなっていく。それは、「ミドルクラスが一八三二年の第一次選挙法改正を求めたのではなく、選挙法改正がミドルクラスを創った」[*9]という分析にも似て、法律は現実の反映ではなく、現実を「創る」ものでもあることを想起させてくれよう。シュトローベルが語る「わくわくするような展開」とは、こうした検証に示される知的刺激にほかならない。

数年前、訳者が国際会議に出席するためにロンドン経由で南アフリカを訪ねた際、イギリスの友人たちから、南アフリカではエイズ、マラリアの蔓延とともに、黒人によるレイプと家庭内暴力（ＤＶ）に気をつけるよう、警告されたことがある。たしかに、現地でもレイプとＤＶは社会問題化していた

＊9　Wahrman (1992), p. 113.

が、それは、時にささやかれるように、南アフリカの黒人男性が乱暴で性的にだらしないからではない。「黒人によるレイプとDV」という語りが、ひとつには、南アフリカ国内における黒人男性の失業率の高さと関連していることは看過できない。かつて彼らの肉体を必要とした労働の場が機械化、情報化されたこと。ホテルや事務所、あるいは各家庭で求められるサーヴィス関連の求人は、もっぱらアフリカ人女性を対象としていること——こうした南アフリカ経済におけるジェンダーの問題（いうなれば経済の「非男性化」の現実）を考慮にいれないかぎり、いまなお「アフリカ人男性は恐ろしい」という語りは増殖されるばかりであろう。

「再生産」の場と女性たち

植民地における白人女性の「主体性」回復にかんして、著者シュトローベルが注目したのは、女性の居場所とされる家庭と結びついた「再生産」活動であった。「帝国に女性の居場所なし」といわれ、その姿が歴史記述にみられなかったのは、インドのメムサーヒブに代表される植民地の妻たちのように、帝国における女性たちの活動がもっぱら家庭という私的領域でおこなわれた「再生産」にあったことと関係している。それは、生産を中心とする資本主義経済のなかでは、低い評価しか与えられない活動でもあった。

シュトローベルは、アフリカ東海岸の港町モンバサでフィールド調査を進めるなかで、ヨーロッパ諸都市とは異なり、この町では「再生産」の仕事が高く評価されていることに気づいたという。女奴隷の出産、すなわち労働力の再生産もそのひとつであり、この点は、二〇〇二年一〇月末、日本で初めて「女性／ジェンダー研究の視角から」をタイトルに掲げてアフリカ史の再考を試みた国際会議でも強調された。国立民族学博物館で開かれたこの会議で、シュトローベルは、「奴隷制度」をテーマとする第一セッションで「東アフリカ沿岸における女性と奴隷制度」と題する報告をおこなった。[*10] そのなかで彼女は、女奴隷を中心に、その労働の中身や儀礼のありかた、彼女自身と彼女が産んだ子どものステイタスなどを具体的に分析しながら、スワヒリ社会における奴隷、解放奴隷、自由人の境界線がきわめてあいまいであったことをあきらかにした。そのうえで彼女は、「奴隷制度とは何だったのか」への再考を求めたのである。女奴隷の個人史や諸事例から奴隷制度自体の見直しを求める彼女の視点やその他の適切なコメントからは、訳者も啓発されることが多かった。

　モンバサでのフィールドワークのなかで、シュトローベルは「再生産」活動をつぎの三つに分けて考えることにこだわっている。①生物学的再生産――出産、ならびに子育て。②日常の再生産――家庭での日常生活の営みを

＊10　この会議は、国立民族学博物館地域研究センターが主催する「国家、国民、そして民族の諸関係にかんする共同研究プロジェクト」の第七回国際シンポジウムとして立ち上げられた。"Rethinking African History from Women's/Gender Perspectives - Slavery, Colonial Experience, Nationalist Movement and After-."（オーガナイザー／宮城女子大学教授、富永千津子氏）。シュトローベルの報告論文の原題は、"Women and Slavery on the East African Coast"。

さまざまに支える労働。料理や洗濯、市場での食料や日用品の調達といった家事労働のことで、心身の回復のための営みも含まれる。③生産関係の再生産――奴隷と自由人、女性と男性といった労働区分の境界をとりしきるイデオロギーの再生産を含む。[*11] この三つの「再生産」労働の多くが家庭に、そして、そこに居場所を与えられた女性たちに割りふられた。本書第II章で詳述されているように、植民地のイギリス人女性がとりしきった仕事――ヨーロッパ人コミュニティの「ヨーロッパ性」の維持、ならびに、現地人コミュニティとの境界線の保持――は、文字どおり、ヨーロッパ近代のイデオロギーや文化の「再生産」活動にほかならない。

近年、この問題は、セクシュアリティ概念はヨーロッパ近代の知と権力の創造物であり、近代国家にとって個人管理のテクノロジーでもあったというミシェル・フーコーの議論[*12]との関連から、植民地史研究に新しい広がりを与えている。その典型例が、東南アジアやインドを対象に、植民地のヨーロッパ人コミュニティの脆弱さに着目したアン・ローラ・ストーラーの研究だろう。[*13] 彼女は、植民地のヨーロッパ人に「ヨーロッパ人である」という人種的特質を保証していたのはミドルクラスの道徳や価値観であり、それゆえに、植民地では、この価値観にみあった家庭環境の管理や子どもの養育、セクシュアリティの秩序化などが強く求められたことをあきらかにしている。換言

*11 Strobel (1983), p. 119.

*12 フーコー (1986)。

*13 Stoler (1995; 1996; 2001).

すれば、植民地において、家庭という領域は、「危険な外部世界のセクシュアリティから隔離された楽園」などではなく、「まがい物のヨーロッパ人」や「不完全な白人」（混血）を生みだす可能性を秘めた、「ヨーロッパにたいする潜在的脅威の温床」でもあったのである。[*14] それゆえに、植民地の家庭では、シュトローベルがヨーロッパ人女性の役割としてあげた現地社会との境界線の保持と、この境界線を踏み越えてしまうセクシュアリティとがたえずせめぎあい、「帝国の緊張」が醸成されていた。[*15]

こうした植民地のセクシュアリティの問題をめぐる議論は、このテーマに先鞭をつけたロナルド・ハイアムの『セクシュアリティの帝国』（本田毅彦訳、柏書房、一九九八年）への批判として展開されてきた側面がある。シュトローベルは、彼の議論に一定の評価を与えつつも、帝国の存在がイギリス人男性にセクシュアリティの機会を増大し、なかには現地人女性との性的関係が唯一の現地社会との接点だった白人男性もいたと語るハイアムにたいして、「帝国におけるセクシュアリティの問題は、ハイアムがいうほど平和でのんびりしたものではない」[*16] と激しく非難する。と同時に、彼の議論に「男性はホモセクシャルでなければ正常である」と考える一種の偏見を認め、そのまなざしにからみつく人種意識を問題にするのである。

たとえば、とシュトローベルは問いかける。ザンビア（北ローデシア）で

＊14　ストーラー（1997）、一〇五〜〇七頁。

＊15　大英帝国以外の地域における家庭という私的領域の再考については、たとえばGouda and Clancy-Smith, eds.（1998）。

＊16　Strobel（1993）, pp. 352–53.

は、アフリカの他の地域とは異なり、家事使用人として男性が求められたのはなぜか。「日本語版に寄せて」のなかでも紹介されているこの問題を解明するには、この地域におけるセクシュアリティの力学を考えなければならないと彼女は力説する。そこからは、ハイアムのいう単純な「白人男性への機会の提供」ではおさまらない、もうひとつの「セクシュアリティと帝国」の関係が立ち現れてくる。すなわち、ザンビアでは、アフリカ人女性に「性的にだらしない」というイメージを抱いたイギリス人女性が、夫との関係を案じて、現地の女性を家事使用人として雇わなかったのである。しかしそれもまた、実際には、植民地化以前の現地社会でアフリカ人女性が行使してきた意志や権力、選択権などが、「性的にだらしない」と読みかえられた結果でしかなかった。[*17]

このように、シュトローベルは、帝国の不可視部分に光をあてながら、ジェンダーと人種が複雑に絡みあった諸相にたえず自覚的であるよう、警鐘を鳴らす。あるカテゴリー(この場合は家事使用人)がどのようにジェンダー化されたのか、その歴史的検証を抜きにして、私的領域を「女性領域」、そこでの労働(家事)を「女性の仕事」と決めつけることは実に危険なのである。

*17 Strobel (1993), p. 353.

母性帝国主義——白人フェミニズム批判

もうひとつ、一九八〇年代以降に進められた植民地における女性の主体性回復によって、それまで一枚岩的に「ヨーロッパ人女性」、あるいは「イギリス人女性」としか語られなかった植民地の白人女性の多様性が強調されるようになったことが指摘できよう。シュトローベルは、本書第III、IV章で、帝国における多様なイギリス人女性の活動を綴っているが、なかでももっとも多くのページを割いているのが、現地人女性をとりまく現地社会の改善をめざしたイギリス人女性の姿である。彼女たちの活動の発掘とその再評価は、本書出版から一〇年間のうちに大きく進み、「多様性の可視化」、すなわち、女性たちの帝国経験、植民地経験の多様さが具体的に確認されてきた。それによって、植民地という空間でイギリス人女性をサルベージする基本的な作業は終了した、といえるかもしれない。と同時に、それは、イギリス人女性によって「他者化」された現地人女性の「主体性」回復をめざす議論の本格的なはじまりを意味していた。[*18]

イギリス人女性が植民地で展開したさまざまな改革運動は、この一〇年間のうちにますます、彼女たちの「主体性」、あるいはその多様性とは別に、男性中心の家父長制的帝国主義とのアナロジーから、ときに「母性帝国主義」(ないしは「母権的帝国主義」)とよばれ、激しい非難にさらされるよう

＊18　シュトローベルが共同編纂した以下のアンソロジーに、すでにその萌芽が認められる。Johnson-Odim and Strobel (1992). さらにはLowry (1997) も参照。植民者と被植民者の双方への目配りはMidgley, ed. (1998) にも顕著である。さらには、本書第III章で展開された女性旅行家についても、近年のフェミニズム人類学、地理学のなかで新たな分析が試みられている。Morin and Berg (1999); Knowles (2000).

になった。母のように、姉のように、現地人女性の面倒をみようとするイギリス人女性の発掘と再考は、「彼女たちの助けがなければなにもできない無力な現地人女性」という、現地人女性の「他者化」をともなったからである。自分の価値観を押しつける（かにみえる）彼女たちの教育や諸改革は、「慈悲深き帝国主義」といえるかもしれない。たとえば、マドラス女子師範学校を設立したメアリ・カーペンターをめぐるルース・ワッツの最近の研究は、白人女性が、現地人女性もまた多様であることをまったく意識していなかったことをあきらかにしている。[*19] もっとも、一九世紀末から二〇世紀初頭にかけての世紀転換期には、南アフリカ戦争を契機にJ・A・ホブスンに代表される帝国主義批判の萌芽がみられるとともに、多様な帝国主義が存在しえたこと、いうなれば「反帝国主義」という帝国主義もありえたことを忘れてはならないだろう。[*20]

イギリスから植民地にやってきた女性たちに色濃く認められる「帝国主義」や「自民族中心主義」の多様な痕跡からは、イギリス人女性が救いたかったのは現地人女性の苦境ではなく、自分たちのアイデンティティではなかったか、という批判も展開されている。白人女性のアイデンティティ構築のために現地人女性の苦境が利用されたという見方は、サバルタン研究やポスト・コロニアル研究などともかかわりつつ、フェミニズム研究内部における

*19 Watts (2000). また、旅する女性についても同様の業績が多い。たとえば、Wolf (1996)。

*20 Porter (1968).

とは、すでに述べたとおりである。

パーティ」が非白人の表象をめぐる白人フェミニズム批判を内包していたこ
対立を深めてきたといえるだろう。[*21] 本書結論部のモティーフ、「ディナー・

なかでも深刻な対立をひきおこしているのは、本書でも論じられているイ
ンドのサティ（未亡人の殉死）や幼児結婚、ケニアやソマリアなどでおこな
われている女性性器切除（FGM、あるいはFGC）など、女性の身体と深
くからむ現地慣習をめぐる議論においてである。たとえば、FGMをめぐっ
ては、アリス・ウォーカーが『喜びの秘密』（一九八三年）という小説でこ
の問題を扱い、それと関連する反FGMのプロモーション・ビデオが制作さ
れたこととあいまって、世界各地のフェミニストをまきこむ大論争となっ
た。そのなかで、ウォーカーが代表する欧米フェミニズムと、アフリカや中
東のフェミニズムとの対立が顕在化したことは広く知られている（本書第Ⅳ
章＊3参照）。議論のなかでは、前者によるFGM批判によって、この慣習
がいまなお根強く実行されている東アフリカや中東の女性が「周縁化」され
ていると、後者からの批判があいついだ。両者のやりとりは、現代アラブ文
学研究者の岡真理氏らによって日本にも詳細が伝えられ、日本におけるフェ
ミニズムのありかたにも一石を投じた。[*22] FGMをめぐっては、「伝統文化か、
それとも女性の身体への暴力か」という問題のたてかた自体への疑義を含め

＊21　たとえば、Maynard (2000); Jayawardena (1995)。

＊22　岡 (2000)、ならびにその批判である千田 (2002)。

て、いまなおさまざまな活動家、理論家が激しい議論をぶつけあっている。ケニア、キクユの事例からこの問題に強い関心を寄せるシュトローベルは、基本的に、女性儀礼をめぐる議論の核心にあるのは、女性ではなく、あくまで「伝統」であるとの見方をくずしていない。[*23]

その一方で、植民地化のコンテクストでサティを再考したラタ・マニの主張は興味深い。曰く、「サティそのものは植民地化以前から存在したが、イギリスが批判しているサティの伝統は、植民地主義の文脈のなかで再構成されたものである」[*24]――。そのうえで、マニは、この慣習が妻としての献身にもとづく自発的行為であるとする見方もきっぱりと否定している。シュトローベルも、植民地化によって支配者と被支配者が「共有」できるようになった語りの存在とその中身について、われわれはもっと自覚的であるべきだと強く主張する。[*25] その意味でいえば、たとえば、一八七一年のインドで制定された「犯罪者部族法」(一部のインド住民に特別な刑罰法を制定する権限を与えたもの)について、この法で守られる大英帝国の臣民としての「インド住民」と、それ以外の人びととのあいだに引かれた境界線について、フェミニズムはどう語るのだろうか。

母性帝国主義、あるいは白人フェミニズムにたいする批判は、ヨーロッパ人女性のサルベージ作業にともなう当然の反応といえよう。それを予見しつ

*23 Strobel (1993), p. 357.

*24 Mani (1990), p. 118. Mani (1998) もあわせて参照されたい。なお、傍点は引用者。

*25 Strobel (1993), pp. 358–59.

つ、そしてヨーロッパ人女性自身の人種偏見や自民族中心主義を意識しながらも、シュトローベルはつぎのように書かずにはいられなかった。「植民地化された人びとになんの思いやりも感じないような女性ならば、たとえ彼女たちの態度がどこからくるのかがわかっていても、簡単に扱うこともできるだろう。しかしながら、援助の手をさしのべようとして植民地にやってきた女性の場合はそうはいかない」（本書「まえがき」一四頁）。

　だからこそ、こうした議論で重要なのは、ヨーロッパ人女性に染みついた自民族中心主義的な発想、あるいは、紋切り型の「自己／他者」認識をもたらした同じ枠組みを、帝国において、男性も女性も共有していたことを意識することだろう。そのなかで、ジェンダーによってむりやり線引きしようとする試みはどのような利害にもとづくものなのかを考えねばならない。

　さらに、こうした議論では、欧米のフェミニズム（白人フェミニズム）の普遍化と、それへの否定的な見方の双方にたいして慎重であらねばならないだろう。それは、ヨーロッパ近代が生みだした「知」の限界ともかかわるデリケートな問題であり、開国以来、その「知」を貪欲に学び、新しい国家、国民づくりをおこなってきた明治日本、そのまっただなかで生まれた大学という教育機関の今ともからむ問題である。現在、様変わりしつつある日本の学問環境において、ヨーロッパ近代の「知」を見直すためには、それぞれの歴史的コンテクストのなかにジェンダーや人種、階級などとかかわるヨーロッパ中心の分析用語を置き直すことは不可欠だろう。

では、女性の「主体性」が回復され、その多様性が認識されることによって、帝国を構築してきた「知」はどのように書き換えられるのだろうか。たとえば、インドやアフリカの女性は、自分たちの土地にやってきたイギリス人女性をどのように「他者化」していたのだろうか。その構築のプロセスはどのように語ることができるだろうか。

帝国消滅後の帝国史研究

シュトローベルが試みた「女性の視点」からの大英帝国の再考は、一九八〇年代以降、帝国史研究そのものに訪れたいくつかの変化と重なっている。たとえば、ロンドン大学歴史学研究所所長デイヴィッド・キャナダインは、帝国史についてかつてこう語っていた。地図の上で「帝国」が消滅した現在、帝国史は旧植民地の各国史、地域研究となった。いくつかの例外をのぞいて、かつての帝国史研究者は地域研究の専門家になった、と。[*26] 近年、キャナダインは、エドワード・サイードのオリエンタリズムを意識したと思われる著作『オーナメンタリズム』(二〇〇二年)で、植民地統治にあたったイギリス人が、海外に広がる帝国を、自分たちの日常世界の延長線上に、すな

*26 Cannadine (1995).

わち、サイードがいうような人種的な階層性ではなく、社会的な階層性でとらえていたと論じた。そのうえで彼は、「帝国」がイギリス側の一方的な想像の産物ではなく、本国と植民地との双方向性によって生まれたこと、その帝国イメージを現地社会の一部も共有していたことなどを具体的に描いている。*[27]

その一方で、「帝国の経験」がもはや存在しないことを認めつつも、帝国解体後のポスト・コロニアルな状況からは、ヨーロッパ・モデルの国民国家、国民史の記述に内在する限界もあきらかにされてきた。

ここ二〇年ほど、帝国主義をはっきりと文化現象とみなし、「大英帝国とは何だったのか」を精力的に問い直してきたマンチェスタ大学出版局の新帝国研究シリーズは現在までに四〇冊あまりを数えるが、それはそのまま、帝国史の現実、すなわちテーマの多様化を物語っている。帝国空間を分析する方法論の多様化はいうまでもない。ポスト・コロニアリズム、言語的転回(差異やそのカテゴリーは言語によって構築されるものであり、所与の現実など存在しないものとして、すべてを言説の作用で説明しようとする相対主義的な解釈)、カルチュラル・スタディーズにつづく文化論的転回(カルチュラル・ターン)、サバルタン研究、そして記憶の歴史学。言説分析、他者表象、二項対立批判、アンビヴァレンスやハイブリディティといった概念の援用などによって、帝国とジェンダー、人種や階級をめぐる研究は新しい展開をみ

*27 Cannadine (2002).

せている。さらには、M・ハート／A・ネグリのいう「世界を覆う中心も領土もない帝国」という新しい帝国概念や、アメリカを「帝国」と捉える最近の動きなども、帝国をめぐる議論に幅を与えているといえるだろう。[*28]

その一方で、新たに編纂されたオクスフォード版『帝国史』（全五巻、一九九八〜九九年）がこうした新しい研究動向をまったく無視していることは意味深長である。同シリーズの執筆陣がイギリス人男性（それも圧倒的に白人）に偏っていることは、半世紀あまり前、植民地の白人研究者に広く参加をよびかけたケンブリッジ版『帝国史』（一九三〇年）と対照的だろう。[*29] くわえて、同シリーズが最終巻に「歴史記述」というテーマを掲げる新しい発想を示したにもかかわらず、ヨーロッパ統合の動きのなかで解体の危機にさらされてきたブリティッシュ・アイデンティティと帝国との関連にも、文学や大衆文化への帝国のインパクトにもほとんど言及がなく、[*30] ジェンダーの視点も活かされていない。

こうした現状からは、帝国史そのものはますます同じ土俵で語るテーマを失い、細分化されているように思われるが、それはけっして「帝国」が消滅したからではない。イギリスにおける歴史学の最新研究動向を紹介する『いま歴史とは何か』（二〇〇二年）で、「いま帝国史とは何か」の章を担当したリンダ・コリーは、帝国史をグローバル史に近いものとして、それゆえに現

＊28　一九八〇年代以降の大英帝国史の動向分析については、たとえば以下を参照。Fieldhouse (1984); Howe (2001); 新しい帝国史の動向については、Prakash (1994); Darby (1998); Joyce (1998); 宮崎 (2001)。アントニオ・ネグリについては、Hardt and Negri (2000); ネグリ (2001) 参照。

＊29　Thompson (2001). 批判を展開しつつも、同論文は、帝国であったイギリスの過去が今日の世界が抱える問題とどう結びつくのかということに、帝国史のひとつの可能性を展望している。

＊30　Howe (2001); Nairn (1977, 1997); Kenealy (1999). 高田 (2002) は英国のアイデンティティ・クライシスをめぐる研究動向を網羅的に紹介している。

代のグローバリズムと分析概念をレンタルしあえるシステムとしてとらえることを展望している。彼女の発言、「われわれの生きている時代は、ポスト・コロニアルではあっても、けっしてポスト・インペリアルではない」[*31]は、ポスト・コロニアル理論や言説分析にたいする批判としても、これからの「帝国史」を考えるうえでも、きわめて示唆に富むものといえよう。

こうした帝国史をめぐる議論は、超大国アメリカとの関係、統合を深化させつつ、東へと拡大する「ヨーロッパ」といった新しい現実とともに、今また新たな展開のときを迎えている。たとえば、帝国という空間は、連合王国内部において多層に重なりあった個人のアイデンティティをあぶり出す場ともなってきたと思われるが、このことはもっと注目されていいだろう。その際、「スコットランド人、ウクライナ人、ヨルバ人には、現在われわれが認識している以上の共通項がある」[*32]という認識は、どんな帝国史の書き換えにつながるのだろうか。

「女性を語る」ことの意味

イギリス人女性はけっして一枚岩ではなく多様であるという認識が、本書出版以降、ますます広範に共有されるようになったことについては先述した。それは、シュトローベル自身がさほど注意を払わなかった本書原題、

＊31　コリーが注目しているのは、国土の大きさ（サイズ）の問題——すなわち、物理的・空間的に狭いイギリスと帝国の広がりとの関係である。英領が赤く塗られた世界地図によって帝国を一枚岩的にながめる傾向が助長され、見る者の目をだましてきたという彼女の指摘は、Colley (2002), p. 134。

＊32　Hopkins (1999), p. 212.

「イギリス人女性（British women）」の中身への見直しを促した。なかでも注目されるのは、アングロ・アイリッシュ（イギリス系プロテスタントのアイルランド人）出身の女性たちが帝国各地でみせた、アンビヴァレントな立場と彼女たちの活動との関係であろう。一九世紀後半、アイルランド問題が帝国のコンテクストで語られるようになったことも[*33]、彼女たちと帝国との関連を複雑なものにしたといえるだろう。たとえば、本書でもとりあげられたマーガレット・カズンズのインドでの活動は、彼女のナショナリティ――イギリス人の先祖をもつプロテスタントのアイルランド人であること――とどう結びついていたのだろうか。アイルランド人が、帝国の領土拡大とともに、軍人や移民、商人や宣教師（ときには犯罪者）として、植民地各地に渡っていったことはもっと重視されていいだろう。語弊をおそれずにいえば、大英帝国は「アイルランド帝国」だった一面をもっているのである[*34]。

一九九二年、「ジェンダーと植民地主義」を展望して、アイルランド西部の町、ゴールウェイで開催された国際会議において、クララ・コノリーはつぎのように述べている。「植民地主義とその結果、すなわち、アイルランドとイギリスとの関係だけに注目していては、アイルランドがヨーロッパにおいて、そしてより広い世界においてどのような役割をはたすのか、という重要な問題を語る可能性が阻害されてしまう[*35]」。

*33　Francis and Zweiniger-Bargielowska, eds. (2002).

*34　インドにおけるアイルランドのナショナリスト活動との関連については、たとえば以下を参照。Piroux (1998); Silvestri (2000); Howe (2000); Cook (2001). 大英帝国とアイルランドについては、Jeffery, ed. (1996)。

*35　Connolly (1993), p. 120.

さらには、帝国という空間につくられた「植民者」と「被植民者」という二つの立場はけっして二項対立でとらえられない、というキャサリン・ホールの主張[*36]も重要であろう。「植民者」が「被植民者」によってつくられる場合もありうる。それゆえに、植民者、被植民者がどのようにして成立したのかというプロセスの分析が重要であり、その際にジェンダーの視角は不可欠なのである。

その一方で、ジェンダー研究においては、「女性には女性としての本質的な共通経験がある」という本質主義への批判とともに、「女性の視点」とか「女性の経験」といったものもけっして自明ではないことがますます意識されるようになった。「女性について語ること」にナイーヴであることへの批判が高まるなかで、女性を（あるいは男性を）語るにはどのような方法が可能なのかをめぐる模索はいまなお進行中である。また、「女性性」「男性性」の境界がきわめてあいまいであるという認識も、近年の帝国とジェンダーをめぐる議論を複雑なものにしているといえよう。[*37]

もうひとつ、人種については、二〇〇二年九月、「人種概念の普遍性を問う」をテーマに、東京と京都で国際会議が開催されたことを付記しておきたい。生物学的には存在しないとされる「人種」という概念を「発明」し、人間を分類、支配しようとする営みを越える試みがはじまったいま、「帝国と

＊36　Hall（2000）. なお、ホールは、前述のアイルランドの会議にて、女性がたえず「国民の母」として語られることを批判している。Hall（1993）参照。

＊37　こうした動きを網羅した以下も参照。ヒラータほか編（2002）。「新しい帝国史（new imperial history）」の動向と深くからむBurton（2001）も参照されたい。

ジェンダー」にはどのような書き換えが可能になるのだろうか。

シュトローベル略歴

本書の著者、マーガレット・シュトローベルは、ミシガン州立大学で歴史学を学んだ。その間にナイジェリア大学（アフリカ研究）とデリー大学（社会学）に留学している。UCLAの大学院でアフリカ史を専攻し、一九七五年にPh. Dを取得したあと、女子高等教育のエリート校として知られるミドルベリ・カレッジを皮切りに、サンディエゴ州立大学やUCLAで女性学、歴史学の教鞭をとった。UCLAで女性学研究所の設立にたずさわったのち、七九年からイリノイ大学シカゴ校に奉職し、現在、ジェンダー、女性学、ならびに歴史学の教授を務めている。九九年からは、一九世紀末のアメリカにおけるセツルメント運動の旗手でノーベル平和賞候補にもあがった、ジェイン・アダムズを記念するハルハウス博物館の館長を兼任し、建物の保存と展示、さまざまな会議の企画立案などに多忙な日々を送っている。

本書のほかに、単著としては、アフリカ研究を奨励するハースコヴィト賞を受賞した処女作『モンバサのムスリム女性、一八九〇〜一九七五年』（一九七九年）、『三人のスワヒリ女性——ケニア、モンバサからの生活史』（一九八九年、スワヒリ語版一九九〇年）の二冊が有名だが、ジェンダーの視点をいかしたアフリカ史研究の先駆的存在である彼女には、ジェンダーと帝国、人種などをテーマとする編著が多い。さらには、『季刊女性研究』や『ジャーナル・オヴ・ウィミンズ・ヒストリ』といった女性史関係の雑誌を中心に、アフリカやイスラムの女性史にかんする論文を数多く執筆している。詳細は巻末に掲載した主要業績一覧を参照していただきたい。一九九七年にはこれまでの研究業績を評価されて、イリノイ大学の「ウーマン・オヴ・ザ・イヤー」に選ばれている。

本書「日本語版に寄せて」あるいは「まえがき」などで述べられているように、シュトローベルの最近の関心は、もっぱら、フェミニズム第二波が駆け抜けた一九七〇年代にアメリカを変えようとしたシカゴの女性運動にあり、まもなく『フェミニズムはどこでおこっていたのか——一九七〇年代のシカゴ女性解放同盟』という著作が刊行予定である。しかしながら、すでに紹介した国立民族学博物館でのアフリカ史再考の国際会議はじめ、いまなお彼女のアフリカ史への関心と発言力は揺るいでいない。

☆ 本解題の一部は、井野瀬（2003）に所収されている。

訳者あとがき

本書翻訳の話がもちこまれたのは、原著出版からまもなくのことであった。しかしながら、その後、さまざまな事情から翻訳そのものは大幅に遅れ、ようやくここにきて世に出すことができた。正直いってほっとしている。その間、訳者は、本書に啓発されて、西アフリカを旅したレディ・トラヴェラー、メアリ・キングズリの周辺に帝国のかたちを探った『女たちの大英帝国』（講談社現代新書、一九九八年）を上梓した。勤務する甲南大学では本書を用いて講読や講義も試みたが、学生たちのあいだでも、大英帝国と女性について多様な好奇心を刺激する本書は好評を博した。こうした反応からも、翻訳に際しては、著者シュトローベルと電子メールを頻繁にやりとりし、誤訳がないように努めたつもりである。訳者の執拗な問い合わせをめんどうがらず、迅速かつ簡潔に答えてくれた著者に深く感謝するしだいである。

また、訳出に際しては、幅広い読者を想定して平易な日本語をこころがけるとともに、わかりにくいと思われる語句や人名、地名には訳註をつけ、見開きページの左下に記した。なるべくページをあちこちせず、フラストレーションがたまらない読み方を助けたいと思ったからである。帝国とジェンダー、そして人種を考える入門書として、ここから新たな好奇心をくすぐられる人たちが現れてくれれば、これほどうれしいことはない。なお、固有名詞の表記やその具体的な中身については専門家からできるかぎりの助言をいただいたが、誤訳を含め、訳註の誤りもまた、すべて訳者の責任である。

最後に、遅々たる翻訳の歩みをしんぼう強く待ちつづけ、編集のプロとして適切な助言を与えながら、最後までつきあってくれた勝康裕さん、ほんとうにありがとう。

井野瀬久美恵

二〇〇三年三月

井野瀬 久美恵（いのせ・くみえ）

1958年生まれ．京都大学大学院文学研究科博士課程単位取得退学．現在，甲南大学文学部教授．専門はイギリス近現代史．
〔著書〕『大英帝国はミュージック・ホールから』（朝日新聞社，1990年），『子どもたちの大英帝国』（中央公論社，1992年），『女たちの大英帝国』（講談社，1998年），『黒人王，白人王に謁見す』（山川出版社，2002年），『植民地経験』（共編著，人文書院，1999年），ほか．

〔女たちは帝国を破壊したのか〕　ISBN 4-901654-17-9

2003年9月10日　第1刷印刷
2003年9月15日　第1刷発行

訳　者　井野瀬　久美恵
発行者　小　山　光　夫
印刷者　中　澤　貞　夫

発行所　〒113-0033 東京都文京区本郷 1-13-2
電話(3814)6161　振替 00120-6-117170
http://www.chisen.co.jp
株式会社 知　泉　書　館

Printed in Japan　印刷 シナノ印刷／製本 藤原印刷

索　　　引
引用文献一覧
主要著作一覧
解題引用文献

索　引

ア　行

アサド Asad, Talal　123
アソル侯爵夫人 Atholl, Duchess of 158
アフリカ Africa　22-25, 30, 34-36, 69-79, 139-48, 152-57, 162-74
　インド人女性とアフリカ女性との比較　149, 152-53
　フランス支配下の——　57, 69
アフリカ民族会議 African National Congress: ANC　166-69
アレキサンダー Alexander, Ray (Simons)　168
「異教徒に女子教育を促進する女性協会」Ladies Association for the Promotion of Female Education Among the Heathen　138
「イギリス女性移民協会」British Women's Emigration Association: BWEA　80-85
移民 Emigration　80-85
イルバート法案 Ilbert Bill　151-52
インド India
　改革者 Reformers　129-30, 149-53, 160-63
　カースト Caste　72-74
　家庭生活　64-68
　宣教師　134-40
　専門職　88-89
　売春 Prostitution　87-88
　メムサーヒブへの偏見　42-45
　言及箇所　23, 30-32, 100, 110
陰部封鎖 Infibulation　132-33
ウィリアムズ Williams, Dr. Cicely 90-91
ウィルソン夫人 Wilson, Mrs.　137
ウォルトン Wolton, Mary　169
ウガンダ Uganda　141-42
乳母 Nannies　66
英領マラヤ British Malaya　24, 30, 35-37, 67, 154, 156
エチオピア Ethiopia　163
エデン Eden, Emily and Fanny 100-01
エプスタイン Epstein, Fanny　88
「エリザベス女王海外看護制度」Overseas Nursing Service, Queen Elizabeth's　89, 183-84
黄金海岸（ガーナ）Gold Coast (Ghana)　35, 52, 56-57, 74, 77, 95
オーストラリア Australia　81, 82, 115
オセアニア Oceania　144-56 → 個別の地名もみよ

カ　行

回想録 Memoirs
　——の起源　71-72
階級 Class　36-38, 52-56, 65-68, 69-74, 83-85, 180-81
カズンズ Cousins, Margaret　160, 161, 183

カーゾン卿 Curzon, Lord　47
家庭生活 Family life　→子ども；結婚をみよ
家庭（事）手引き書 Household manuals　64-66
ガーディナー Gardiner, Grace　64, 66
カナダ Canada　81
カーニィ（マザー・ケヴィン） Kearney, Teresa（Mother Kevin）　141-42, 183
家父長主義 Paternalism　77, 118-19
看護 Nursing　89-90
北ローデシア Northern Rhodesia　79, 121
教育 Education　94-95, 124, 131, 136-38, 144, 151-53
ギリス医師 Gillies, Dr.　37, 65
キングズリ Kingsley, Mary　102, 103, 105-07, 116, 181, 184
クック Cook, Lady　141-42
クーツ-クレシュマー Kootz-Kretschmer, Elise　146-47
組み込まれた女性 Incorporated wife
　定義　55-59
グールド Gould, Annie　88
クレスロ Kreslo, Fanny　86
クレムリッシュ Kramrisch, Stella　110
「黒の災厄《ブラック・ペリル》」“Black Peril”　→性的暴力をみよ
結婚 Marriage
　異人種間の結婚　35-36, 67-68
　宣教師の物質的地位　137-38, 142
　言及箇所　67-69
ケニア Kenya
　性器（クリトリス）切除論争　157-58
　家庭生活　53-54, 71-72
　性関係　35, 50
　使用人　74-75, 77-78
　女性組織　154-57
　言及箇所　48, 108-10
現地妻 Concubinage　30, 33-36, 40
ゴッデン Godden, Rumer　73
子ども Children　70
コノリー Connolly, Dr. Evelyn　142

サ　行

サティ Sati　132
ザナーナ・ミッション運動 Zenana Missionary Movement　137
シェラレオネ Sierra Leone　76
ジェンダー Gender
　ヴィクトリア朝の規範　103, 108　→組み込まれた女性もみよ
　女性過剰人口のイデオロギー　80-81
　男性領域としての帝国のイデオロギー　124
自民族中心主義 Ethnocentrism　22, 131-32, 135, 175　→人種偏見もみよ
事務職 Clerical work　89, 91-93
社会階層 Social hierarchy　30, 45, 50-52
社会的(な)距離 Social distance　40-41, 45-47, 65-67, 78-80
社交界 Society　45-47
社交儀礼 Social rituals　45-58
出生率 Childbirth　65, 70
授乳 Breastfeeding　66
シュライナー Schreiner, Olive　73, 163-64
ジョイス Joyce, Ellen　82
ショウ（レディ・ルガード） Shaw,

Flora（Lady Lugard） 111-12, 124
ジョウゼフ Joseph, Helen 168-69
使用人 Servants 39-40, 68, 71-85, 184
植民地官僚制度 Colonial Service 58, 67-68, 92-93, 118
植民地主義 Colonialism
——と現地文化 134-36
——のノスタルジア 14-15
信託統治 Trusteeship 91, 153-74
植民地省 Colonial Office 89-95, 182, 183
女性性器切除 Clitoridectomy 132, 157-59
女性組織連合（トランスヴァール） Associated Women's Organizations（Transvaal） 41
「女性家事クラブ会館」Women's Institute Homecraft Club 154
女性の精神介護 Mental health of women 57-58
女性版コロナ・クラブ Women's Corona Club 92
シンクレア Sinclair, Jean 170
人口 Population 31, 35, 80-81
人種偏見 Racism 22, 31, 39, 74-76, 106-08, 120-21, 181-82
シンプソン Simpson, Alyse 53-54, 71-72, 73, 180
人類学 Anthropology 113-23
スズマン Suzman, Helen 169, 173
スティール Steel, Flora Annie 44, 64, 66, 101
スレッサー Slessor, Mary 102, 140-41, 181
性差別 Sex discrimination 91-93, 103-04
性的暴力 Sexual assault 38-39, 41-42
性(的)関係 Sexual relations 32-38, 40-41, 78-80, 84, 85-88
性(的)分離 Sexual segregation 88-89, 136-38
セクシュアリティ Sexuality 30, 37-38, 143
全インド女性評議会 All-India Women's Conference 161-62
宣教師 Missionaries 31, 33, 75-76, 114, 118-19, 132, 133-49, 185
専門職 Professions 88-95
ソロモン諸島 Solomon Islands 24, 30 →オセアニアをみよ

タ 行

ダイヴァー Diver, Maud 101
ダス Das, Veena 99-100
タルボット Talbot, D. Amaury 69, 114
タンガニーカ Tanganyika 142-43, 145-48
ダンカン Duncan, Sheena 173
男性支配 Male dominance 22
帝国主義 Imperialism
——と儀礼 47-49
——と情報の操作 99-101
——と人道主義 131-33
——と著述家 111-24
文化帝国主義 Cultural imperialism 12-14, 21-22, 22-25, 120-21, 131-34
ディクシー Dixie, Florence Douglas 104-05, 107-08
ディネセン Dinesen, Isak →ブリクセンをみよ
ティンネ Tinne, Alexandrine 101-02, 104
テンプラー Templer, Peggy 156
同性愛 Heterosexuality 33 →現地妻；結婚；性（的）関係；

セクシュアリティもみよ

ナ 行

ナイジェリア Nigeria 47-49, 51, 53, 94, 112-14, 140-41
ナショナリズム Nationalism 148, 149-50, 156-62, 174
ニーヴン Niven, Sir Rex 53
ニエレレ Nyerere, Julius 148
ニュージーランド New Zealand 82
ノース North, Marianne 101-02, 108
ノーブル Noble, Margaret 150

ハ 行

売春婦 Prostitutes 38, 85-88
パウエル Powell, Erica 95
「白人女性保護条令」White Women's Protection Ordinance 39-40, 185
「白い奴隷」"White slavery" →売春をみよ
ハクスリ Huxley, Elspeth 74-75
パティアラ Patiala, Maharaja of 36
ハーバートン Herbertson, Margaret 156
パプア Papua 30, 38-39, 41
ハリスン Harrison, Agatha 162
パルマー Palmer, Mabel 164-65
パンクハースト Pankhurst, E. Sylvia 163
バーンスタイン Bernstein, Hilda 167
東アフリカ女性同盟 East African Women's League 155
ピゴット，メアリ Pigot, Mary 138-39
ピゴット，レディ・フランシス Piggot, Lady Francis 89
ビルマ Burma 33-34
ファースト First, Ruth 167
ファーラー博士 Farrer, Dr. Ellen 137
フィジー Fiji 30
フェミニズム Feminism 104-05, 107, 114-15, 130-31, 141-42, 149-51, 157-65
フォリ Foley, Ruth 172
ブライアン Bryan, Miss Florry 36
ブラウン Brown, Dr. Edith 137
「ブラック・サッシュ」Black Sash 166, 169-73
ブラッドリ Bradley, Emily 64
フランク Frank, Katherine 106
ブリクセン Blixen, Karen 77, 108-09, 180
プラマー Plummer, Gladys 94
文化相対主義 Cultural relativism 132
「文明化」"Civilization" 134
ベイカー Baker, Florence 102
ベイツ Bates, Daisy 115-16
ベヴァリッジ Beveridge, Annette Ackroyd 150-52, 182
ベザント Besant, Annie 161
ペラム Perham, Dame Margery 117-19, 124
「訪問儀礼」Calling 51-53
ボイル Boyle, Laura 52, 56-57, 74, 77, 184
母権主義 Maternalism 25, 149, 155-57, 175
ボルトン Bolton, Harriet 169

マ 行

マエンデレオ・ヤ・ワナワケ Maendeleo ya Wanawake 155-56
マーカム Markham, Beryl 109-10
マークス Marks, Shula 164-65
マクハンヤ Makhanya, Sibusisiwe 165
マラウィ Malawi 36
ミシ・ワ・アブダラ Mishi wa Abdala 78
南アフリカ South Africa 31, 38, 80-87, 105-08, 144, 163-73
南アフリカ共産党 Communist Party of South Africa 166-69
南アフリカ植民協会 South African Colonisation Society: SACS 81, 184
南アフリカ女性連合 Federation of South African Women 167-69
南ローデシア Southern Rhodesia 76, 144, 153-54
ミューラー Muller, Alice 87
ミル Mill, James 129
ムボヤ Mboya, Tom 174
メア Mair, Lucy 120-21, 124
メイソン Mason, Philip 8: 43-44
メムサーヒブ Memsahibs
——への偏見 42-45
メルヴィル Melville, Elizabeth 76
モヤ Moya, Lily 165

ヤ・ラ 行

ヤング Young, Florence S. H. 144-45
ユーラシアン Eurasians 37, 65, 68, 87, 138-39
幼児死亡率 Infant mortality 65
ヨハンソン Johansson, Barbro 147-48
ヨーロッパ人 European
定義 13-14

ライト Wright, Marcia 146
ラリモア Larymore, Constance 64
リーキー Leakey, Mary 110-11
リース-ロス Leith-Ross, Sylvia 48-50, 64, 70, 94, 112-13, 180
リチャーズ，オードリ Richards, Audrey 121-22
リチャーズ，ヒルダ Richards, Hylda 76-77, 180
旅行記 Travel narratives 101-07
リーン Lean, Sir David 29
ルガード卿 Lugard, Lord 47
レヴィン Levin, Bessie 86
レイプ Rape →エレノアール・ラスボンと性的暴力 158-60, 182-83
レッシング Lessing, Doris 73
ローデシア Rhodesia →北ローデシア；南ローデシアをみよ

引用文献一覧

Alexander, Joan (1983) *Voices and Echoes: Tales from Colonial Women*, London: Quartet Books.

Allen, Charles, ed. (1976) *Plain Tales from the Raj: Images of British India in the Twentieth Century*, New York: St. Martin's Press.

—— (1978) *Raj: A Scrapbook of British India*, New York: St. Martin's Press.

—— (1979) *Tales from the Dark Continent*, New York: St. Martin's Press.

—— (1983) *Tales from the South China Seas: Images of the British in Southeast Asia in the Twentieth Century*, London: André Deutsch.

Alloula, Malek (1986) *The Colonial Harem*, Trans. Myrna Godzich and Wlad Godzich, Minneapolis: University of Minnesota Press.

Asad, Talal (1979) "Anthropology and the Colonial Encounter," in Gerrit Huizer and Bruce Mannheim, eds., *The Politics of Anthropology: From Colonialism and Sexism toward a View from Below*, The Hague: Mouton, pp. 85-94.

Ballhatchet, Kenneth (1980) *Race, Sex, and Class under the Raj: Imperial Attitudes and Policies and Their Critics, 1793-1905*, London: Weidenfeld and Nicolson.

Barash, Carol, ed. (1987) *An Olive Schreiner Reader: Writings on Women and South Africa*, London and New York: Pandora Press.

Barr, Pat (1976) *The Memsahibs: The Women of British India*, London: Secker and Warburg.

Barthel, Diane (1985) "Women's Educational Experience under Colonialism: Toward a Diachronic Model," *Signs: A Journal of Women in Culture and Society* 11, no. 1 (Autumn), pp. 137-54.

Bates, Daisy (1967) *The Passing of the Aborigines*, 1938; 2d ed. London: John Murray.

Baumslag, Naomi, ed. (1986) "Cicely Williams, Her Life, Practice, and Philosophy," in Naomi Baumslag, ed., *Primary Health Care Pioneer: The Selected Works of Dr. Cicely D. Williams*, Geneva and Washington, D.C.: World Federation of Public Health Associations and UNICEF, pp. 5-32.

Bell, E. M. (1947) *Flora Shaw (Lady Lugard D. B. E.)*, London: Constable.

Benería, Lourdes, and Gita Sen (1982) "Class and Gender Inequalities and Women's Role in Economic Development," *Feminist Studies* 8, no. 1 (Spring), pp. 157-76.

Berger, Iris (1992) *Treads of Solidarity: Women in South African Industry, 1900-1980*, Bloomington: Indiana University Press.

Berger, Mark T. (1988) "Imperialism and Sexual Exploitation: A Response to Ronald Hyam's 'Empire and Sexual Opportunity,'" *Journal of Imperial and Commonwealth History* 17, no. 1 (January), pp. 83-89.

Berkman, Joyce Avrech (1989) *The Healing Imagination of Olive Schreiner*, Amherst: University of Massachusetts Press.

Bernstein, Hilda (1985) *For Their Triumphs and for Their Tears: Women in Apartheid South Africa*, 1975; rev. ed. London: International Defence and Aid Fund.

Beveridge, W. H. (1947) *India Called Them*, London: Allen and Unwin.

Birkett, Dea (1992) "The 'White Woman's Burden' in 'the White Man's Grave': The Introduction of British Nurses in Colonial West Africa," in Nupur Chaudhuri and Margaret Strobel, eds., *Western Women and Imperialism: Complicity and Resistance*, Bloomington: Indiana University Press, pp. 177-88.

—— (1989) *Spinsters Abroad: Victorian Lady Explorers*, Oxford: Basil Blackwell.

Birkett, Deborah (1986) "The Invalid at Home and the Sampson Abroad," *Women's Review*, no. 6 (April), pp. 18-19.

—— (1987) "West Africa's Mary Kingsley," *History Today* 37 (May), pp. 10-16.

Blake, Susan L. (1990) "A Woman's Trek: What Difference Does Gender Make?" *Women's Studies International Forum* 13, no. 4, pp. 347-55.

Borthwick, Meredith (1984) *The Changing Role of Women in Bengal, 1849-1905*, Princeton, N.J.: Princeton University Press.

Boutilier, James (1984) "European Women in the Solomon Islands, 1900-1942: Accommodation and Change on the Pacific Frontier," in Denise O'Brien and Sharon W. Tiffany, eds., *Rethinking Women's Roles: Perspectives from the Pacific*, Berkeley: University of California Press, pp. 173-200.

Boyle, Laura (1968) *Diary of a Colonial Officer's Wife*, Oxford: Alden Press.

Bozzoli, Belinda (1983) "Marxism, Feminism and South African Studies," *Journal of Southern African Studies* 9, no. 2 (April), pp. 139-71.

Bradley, Emily (1948) *A Household Book for Africa*, 1939; London: Oxford University Press.

—— (1950) *Dearest Priscilla: Letters to the Wife of a Colonial Civil Servant*, London: Max Parrish.

Brownfoot, Janice N. (1984) "Memsahibs in Colonial Malaya: A Study of European Wives in a British Colony and Protectorate 1900-1940," in Hilary Callan and Shirley Ardener, eds., *The Incorporated Wife*, London: Croom Helm, pp. 186-210.

Burton, Antoinette M. (1990) "The White Woman's Burden: British Feminists and 'The Indian Woman,' 1865-1915," *Women's Studies International Forum* 13, no. 4, pp. 295-308.

Butcher, John G. (1979) *The British in Malaya, 1880-1941: The Social History of a European Community in Colonial South-East Asia*, Kuala Lumpur and Oxford: Oxford University Press.

Cairns, Macalester C. (1969) "The African Colonial Society in French Colonial Novels," *Cahiers d'ētudes Africaines* 9, no. 2, pp. 175-93.

Callan, Hilary (1975) "The Premises of Dedication: Notes toward an Ethnography of Diplomats' Wives," in Shirley Ardener, ed., *Perceiving Women*, London: Malaby Press, pp. 87-104.

—— (1984) "Introduction," in Hilary Callan and Shirley Ardener, eds., *The Incorporated Wife*, London: Croom Helm, pp. 1-26.

—— and Shirley Ardener, eds. (1984) *The Incorporated Wife*, London: Croom Helm.

Callaway, Helen (1987) *Gender, Culture, and Empire: European Women in Colonial Nigeria*, Urbana: University of Illinois Press.

—— and Dorothy O. Helly (1992) "Crusader for Empire: Flora Shaw/Lady Lugard," in Nupur Chaudhuri and Margaret Strobel, eds., *Western Women and Imperialism: Complicity and Resistance*, Bloomington: Indiana University Press, pp. 79-97.

8 Carpenter, Joseph Estlin (1974) *The Life and Work of Mary Carpenter*, 1879; rpt. Montclair, N.J.: Patterson Smith.

Chanock, Martin (1985) *Law, Custom and Social Order: The Colonial Experience in Malawi and Zambia*, Cambridge: Cambridge University Press.

Chaudhuri, Nupur (1988) "Memsahibs and Motherhood in Nineteenth-Century Colonial India," *Victorian Studies* 31, no. 4 (Summer), pp. 517-32.

—— and Margaret Strobel, eds. (1992) *Western Women and Imperialism: Complicity and Resistance*, Bloomington: Indiana University Press. 論文の一部は，シュトローベルとヌプール・チャウドゥリ編

集の下記特別号に所収. *Women's Studies International Forum* 13, no. 4 (1990).
Cock, Jacklyn (1980) *Maids and Madams: A Study in the Politics of Exploitation*, Johannesburg: Ravan Press.
Cohen, William (1971) *Rulers of Empire: The French Colonial Service in Africa*, Stanford: Hoover Institution Press.
Cousins, James H. and Margaret E. Cousins (1950) *We Two Together*, Madras: Ganesh.
Curtin, Philip D. (1985) "Medical Knowledge and Urban Planning in Tropical Africa," *American Historical Review* 90, no. 3 (June), pp. 594-613.
Dally, A. (1968) *Cicely, The Story of a Doctor*, London: Victor Gollancz.
Das, Veena (1986) "Gender Studies, Cross-Cultural Comparison and the Colonial Organization of Knowledge," *Berkshire Review*, no. 58, pp. 58-76.
Davidoff, Leonore (1973) *The Best Circles: Society, Etiquette, and the Season*, London: Croom Helm.
Davin, Anna (1978) "Imperialism and Motherhood," *History Workshop Journal*, no. 5, pp. 9-65.
Dinesen, Isak (1938) *Out of Africa*, New York: Random House.
Duncan, Sheena (1989) "Forced Removals Mean Genocide," in Diana E. H. Russell, ed., *Lives of Courage*, New York: Basic Books.
Duncan, S. J. (1893) *The Simple Adventures of a Memsahib*, London.
DuPlessis, Rachel Blau (1985) "The Rupture of Story and The Story of an African Farm," in Rachel Blau DuPlessis, ed., *Writing beyond the Ending*, Bloomington: Indiana University Press, pp. 20-30.
Earthy, E. Dora (1968) *Valenge Women: The Social and Economic Life of the Valenge of Portuguese East Africa*, 1933; rpt. London: Oxford University Press.
Eden, Emily (1983) *Up the Country: Letters Written to Her Sister from the Upper Provinces of India*, 1866; rpt. 1930; rpt. London: Virago Press.
Edwards, Michael (1969) *Bound to Exile: The Victorians in India*, New York: Praeger.
First, Ruth (1988) *117 Days*, 1965; London: Bloomsbury Publishing.
——— and Ann Scott (1980) *Olive Schreiner*, New York: Schocken.
Flint, J. E. (1963) "Mary Kingsley, A Reassessment," *Journal of African History* 4, no. 1, pp. 95-104.
Forbes, Geraldine (1986) "In Search of the 'Pure Heathen': Missionary Women in Nineteenth Century India," *Economic and Political*

Weekly 21, no. 17 (April 26), WS 2–8.

Forman, Charles W. (1984) "'Sing to the Lord a New Song': Women in the Churches of Oceania," in Denise O'Brien and Sharon W. Tiffany, eds., *Rethinking Women's Roles: Perspectives from the Pacific*, Berkeley: University of California Press, pp. 153–72.

Fox, James (1984) *White Mischief*, 1982; Harmondsworth, Eng.: Penguin.

Frank, Kathleen (1986a) *A Voyager Out: The Life of Mary Kingsley*, Boston: Houghton Mifflin.

——— (1986b) "Voyages Out: Nineteenth-Century Women Travelers in Africa," in Janet Sharistanian, ed., *Gender, Ideology, and Action: Historical Perspectives on Women's Public Lives*, Contributions in Women's Studies, no. 67, New York: Greenwood Press, pp. 67–93.

Gaitskell, Deborah (1983a) "Housewives, Maids or Mothers: Some Contradictions of Domesticity for Christian Women in Johannesburg, 1903–39," *Journal of African History* 24, no. 2, pp. 241–56.

——— (1983b) "Introduction," *Journal of Southern African Studies* 10, no. 1 (October), pp. 1–16.

Gann, L. H., and Peter Duignan (1978) *The Rulers of British Africa, 1870–1914*, Stanford: Stanford University Press.

Gartrell, Beverley (1984) "Colonial Wives: Villians or Victims?" in Hilary Callan and Shirley Ardener, eds., *The Incorporated Wife*, London: Croom Helm, pp. 165–85.

GERTRUDE (1977) "Postface à quelques prefaces," *Cahiers d'études Africaines* 17, no. 1, pp. 177–87.

Goodwin, June (1984) *Cry, Amandla! South African Women and the Question of Power*, New York and London: Africana Publishing Company.

Gordimer, Nadine (1979) *Burger's Daughter*, New York: Viking.

——— (1981) *July's People*, Harmondsworth, Eng.: Penguin.

10 Gordon, Suzanne, ed. (1985) *A Talent for Tomorrow: Life Stories of South African Servants*, Johannesburg: Ravan Press.

Greenberger, Allen G. (1978) "Englishwomen in India," *British History Illustrated* 4, pp. 42–51.

Hammerton, A. James (1979) *Emigrant Gentlewomen: Genteel Poverty and Female Emigration, 1830–1914*, London: Croom Helm.

Hansen, Karen Tranberg (1989) *Distant Companions: Servants and Employers in Zambia, 1900–1985*, Ithaca: Cornell University Press.

——— (1992) "White Women in a Changing World: Employment, Voluntary Work, and Sex in Post-World War II Northern Rhodesia," in Nupur Chaudhuri and Margaret Strobel, eds., *Western Women and*

Imperialism: Complicity and Resistance, Bloomington: Indiana University Press, pp. 247–68.
"Historical Survey, 1896–1966," *Annual Report 1966*, Overseas Nursing Association, Rhodes House, British Empire MSS 400/Box 131.
Huizer, Gerrit, and Bruce Mannheim, eds. (1979) *The Politics of Anthropology: From Colonialism and Sexism toward a View from Below*, The Hague: Mouton.
Hunt, Nancy Rose (1985) "'We Refused to Be Insulted': African Women's Resistance to Belgian Colonization, Ruanda-Urundi, 1941–1962," Master's thesis, Sangamon State University.
—— (1990) "Domesticity and Colonialism in Belgian Africa: Usumbura's *Foyer Social*, 1946–1960," *Signs: A Journal of Women in Culture and Society* 15, no. 3, pp. 447–74.
Huxley, Elspeth (1959) *The Flame Trees of Thika*, New York: William Morrow and Co.
Hyam, Ronald (1986a) "Empire and Sexual Opportunity," *Journal of Imperial and Commonwealth History* 14, no. 2 (January), pp. 34–89 [ここで引用されているR. ハイアムの3論文は，1990年に刊行された同氏の単行書に収められている．邦訳は，本田毅彦訳『セクシュアリティの帝国——近代イギリスの性と社会』柏書房，1998年].
—— (1986b) "Concubinage and Colonial Service: The Crewe Circular (1909)," *Journal of Imperial and Commonwealth History* 14, no. 3 (May), pp. 170–86.
—— (1988) "'Imperialism and Sexual Exploitation': A Reply," *Journal of Imperial and Commonwealth History* 17, no. 1 (January), pp. 90–98.
Inglis, Amirah (1975) *The White Woman's Protection Ordinance: Sexual Anxiety and Politics in Papua*, London: Sussex University Press.
Jacobs, Sylvia M. (1992) "Give a Thought to Africa: Black Women Missionaries in Southern Africa," in Nupur Chaudhuri and Margaret Strobel, eds., *Western Women and Imperialism: Complicity and Resistance*, Bloomington: Indiana University Press, pp. 207–28.
Jayaweera, Swarna (1990) "European Women Educators under the British Colonial Administration in Sri Lanka," *Women's Studies International Forum* 13, no. 4, pp. 323–31.
Jeffries, Sir Charles (1949) *Partners in Progress: The Men and Women of the Colonial Service*, London: George G. Harrap and Co.
Johansson, Birgit (1977) "Barbro—the Kashasha Educationalist," in Bengt Sundkler and Per-Åke Wahlström, eds., *Vision and Service: Papers in Honour of Barbro Johansson*, Uppsala: The Scandinavian Insti-

tute of African Studies and the Swedish Institute of Missionary Research, pp. 143-47.

Jones, G. I. (1974) "Social Anthropology in Nigeria during the Colonial Period," *Africa* 44, no. 3, pp. 280-89.

Joseph, Helen (1986) *Side by Side: The Autobiography of Helen Joseph*, London: Zed Press.

Kenyatta, Jomo ([1962]) *Facing Mount Kenya*, 1938; New York: Vintage.

Kimble, Judy, and Elaine Unterhalter (1983) "Interview with Hilda Bernstein," *Women in South African History*, no. 2 (May), pp. 3-15.

Kingsley, Mary Henrietta (1964) *West African Studies*, 1899; 3d ed. London: F. Cass.

—— (1965) *Travels in West Africa: Congo Français, Corsico and Cameroons*, 1897; rpt. London: Frank Cass.

Kirk-Greene, A. H. M. (1982) "Margery Perham and Colonial Administration: A Direct Influence on Indirect Rule," in D. K. Fieldhouse, ed., *Oxford and the Idea of Commonwealth*, London and Canberra: Croom Helm, pp. 122-39.

—— (1983) "Introduction," in *West African Passage: A Journey through Nigeria, Chad, and the Cameroons, 1931-1932. By Margery Perham*, London and Boston: Peter Owen.

Kirkwood, Deborah (1984a) "Settler Wives in Rhodesia: A Case Study," in Hilary Callan and Shirley Ardener, eds., *The Incorporated Wife*, London: Croom Helm, pp. 143-64.

—— (1984b) "The Suitable Wife: Preparation for Marriage in London and Rhodesia/Zimbabwe," in Hilary Callan and Shirley Ardener, eds., *The Incorporated Wife*, London: Croom Helm, pp. 106-19.

Kitson, Norma (1987) *Where Sixpence Lives*, 1986; 2d ed. London: Hogarth Press.

Knapman, Claudia (1986) *White Women in Fiji 1835-1930: The Ruin of Empire?* Sydney: Allen and Unwin.

Kuklick, Henrika (1979) *The Imperial Bureaucrat: The Colonial Administrative Service in the Gold Coast, 1920-1939*, Stanford: Hoover Institution Press.

La Fontaine, J. S. (1985) "Audrey Isabel Richards, 1899-1984," *Africa* 55, no. 2, pp. 201-6.

Lapchick, Richard, and Stephanie Urdang (1982) *Oppression and Resistance: The Struggle of Women in Southern Africa*, Contributions in Women's Studies, no. 29, Westport, Conn.: Greenwood Press.

Larymore, Constance (1908, 1911) *A Resident's Wife in Nigeria*, London: George Routledge.

Leakey, Mary (1984) *Disclosing the Past*, Garden City, N. Y.: Doubleday.

Leith-Ross, Sylvia ([1921?]) *Fulani Grammar*, Lagos, Nigeria: Secretariat Stationery.

—— (1967) *African Women: A Study of the Ibo of Nigeria*, 1939; rpt. New York: Praeger.

—— (1970) *Nigerian Pottery: A Catalogue*, Ibadan, Nigeria: Ibadan University Press.

—— (1983) *Stepping-Stones: Memoirs of Colonial Nigeria, 1907-1960*, London and Boston: Peter Owen.

—— and Geneviève Ruxton (1908) *Practical West African Cookery*, Zunguru, Nigeria: n.p.

Lessing, Doris (1970) *Martha Quest*, 1952; rpt. New York: New American Library.

Lind, Mary Ann (1988) *The Compassionate Memsahibs: Welfare Activities of British Women in India, 1900-1947*, Westport, Conn.: Greenwood Press.

Lipman, Beata (1984) *We Make Freedom: Women in South Africa*, London: Pandora Press.

Lovell, Mary S. (1987) *Straight on till Morning: The Biography of Beryl Markham*, New York: St. Martins Press.

Lundstrom, Karin (1977) "My Sister—A Tanzanian," in Bengt Sundkler and Per-Åke Wahlström, eds., *Vision and Service: Papers in Honour of Barbro Johannson*, Uppsala: The Scandinavian Institute of African Studies and the Swedish Institute of Missionary Research, pp. 127-42.

MacMillan, Margaret (1988) *Women of the Raj*, New York: Thames and Hudson.

Mair, Lucy (1969) *Native Policies in Africa*, 1936; rpt. New York: Negro Universities Press.

Markham, Beryl (1983) *West with the Night*, 1942; rpt. San Francisco: North Point Press.

Marks, Shula, ed. (1987) *"Not Either an Experimental Doll": The Separate Worlds of Three South African Women: Correspondence of Lily Moya, Mabel Palmer, and Sibusisiwe Makhanya*, Bloomington: Indiana University Press.

Mayo, Katherine (1927) *Mother India*, New York: Harcourt, Brace Jovanovich.

Melville, Elizabeth (1849) *A Residence at Sierra Leone: Described from a Journal Kept on the Spot & Letters Written to Friends at Home*, London: John Murray.

Michelman, Cherry (1975) *Black Sash: A Case Study in Liberalism*, London: Oxford University Press.

Middleton, Dorothy (1965) *Victorian Lady Travellers*, London: Routledge and Kegan Paul [D. ミドルトン (佐藤知津子訳)『世界を旅した女性たち――ヴィクトリア朝レディ・トラベラー物語』八坂書房, 2002年].

Mill, James (1968) *The History of British India*, 5th ed. 1858; rpt. New York: Chelsea House Publishers (1st edition, 1818).

Miller, Barbara S., ed. (1983) *Exploring India's Sacred Art: Selected Writings of Stella Kramrisch*, Philadelphia: University of Pennsylvania Press.

Mirza, Sarah, and Margaret Strobel, eds. and trans. (1989) *Three Swahili Women: Life Histories from Mombasa, Kenya*, Bloomington: Indiana University Press.

Mohanty, Chandra (1988) "Under Western Eyes: Feminist Scholarship and Colonial Discourses," *Feminist Review*, no. 30 (Autumn), pp. 61–88.

Morrow, Sean (1986) "'No Girl Leaves the School Unmarried': Mabel Shaw and the Education of Girls at Mbereshi, Northern Rhodesia, 1915–1940," *International Journal of African Historical Studies* 19, no. 4, pp. 601–35.

Mulokozi, Christine (1977) "Remembering Mama Barbro and Kashasha Girls' School," in Bengt Sundkler and Per-Åke Wahlström, eds., *Vision and Service: Papers in Honour of Barbro Johansson*, Uppsala: The Scandinavian Institute of African Studies and the Swedish Institute of Missionary Research, pp. 154–56.

Murray, Jocelyn (1976) "The Church Missionary Society and the 'Female Circumcision' Issue in Kenya, 1929–1932," *Journal of Religion in Africa* 8, no. 2, pp. 92–104.

Murray-Hughes, R. (1962) "Kafue-Nanwala in 1912, part II," *Northern Rhodesia Journal* 5, pp. 105–15.

Nadis, Mark (1957) "Evolution of the Sahib," *The Historian* 19, no. 4 (August), pp. 425–35.

Nair, Janaki (1990) "Uncovering the Zenana: Visions of Indian Womanhood in Englishwomen's Writings 1813–1940," *Journal of Women's History* 2, no. 1, pp. 8–34.

Nethercot, Arthur H. (1961) *The First Five Lives of Annie Besant*, London: Rupert Hart-Davis.

——— (1963) *The Last Four Lives of Annie Besant*, Chicago: University of Chicago Press.

Niven, Sir Rex (1982) *Nigerian Kaleidoscope*, London: C. Hurst.

O'Brien, Denise, and Sharon W. Tiffany, eds. (1984) *Rethinking Women's Roles: Perspectives from the Pacific*, Berkeley: University of California Press.

Oliver, Caroline (1982) *Western Women in Colonial Africa*, Westport, Conn.: Greenwood Press.

Onoge, Omafume F. (1979) "The Counterrevolutionary Tradition in African Studies: The Case of Applied Anthropology," in Gerrit Huizer and Bruce Mannheim, eds., *The Politics of Anthropology: From Colonialism and Sexism toward a View from Below*, The Hague: Mouton, pp. 45-66.

Pakenham, Valerie (1985) *Out in the Noonday Sun: Edwardians in the Tropics*, New York: Random House.

Papanek, Hannah (1979) "Family Status Production: The 'Work' and 'Non-Work' of Women," *Signs: A Journal of Women in Culture and Society* 4, no. 4, pp. 775-81.

Paulme, Denise (1963) *Women of Tropical Africa*, 1960; rpt. Berkeley: University of California Press.

—— (1977) "Sanga 1935," *Cahiers d'ētudes Africaines* 17, no. 1, pp. 7-12.

—— (1979) "Quelques souvenirs," *Cahiers d'ētudes Africaines* 11, nos. 1-4, pp. 9-17.

Paxton, Nancy L. (1990) "Feminism under the Raj: Resistance and Complicity in the Writings of Flora Annie Steel and Annie Besant," *Women's Studies International Forum* 13, no. 4, pp. 333-46.

Pearce, R. D. (1983) "Violet Bourdillon: Colonial Governor's Wife," *African Affairs* 82, no. 327 (April), pp. 267-77.

Perham, Margery (1974) *African Apprenticeship: An Autobiographical Journey in Southern Africa 1929*, New York: Africana Publishing Co.

—— (1983) *West African Passage: A Journey through Nigeria, Chad, and the Cameroons, 1931-1932*, London and Boston: Peter Owen.

Powell, Erika (1984) *Private Secretary, Female/Gold Coast*, New York: St. Martin's Press.

Powell, Violet (1981) *Flora Annie Steel, Novelist of India*, London: Heinemann.

Profiles of Rhodesia's Women (1976) Salisbury: National Federation of Business and Professional Women of Rhodesia.

Ramusack, Barbara N. (1981a) "Catalysts or Helpers? British Feminists, Indian Women's Rights, and Indian Independence," in Gail Minault, ed., *The Extended Family: Women and Political Participation in*

India and Pakistan, Columbia, Mo.: South Asia Books, pp. 109-50.

Ramusack, Barbara N. (1981b) "Women's Organizations and Social Change: The Age-of-Marriage Issue in India," in Naomi Black and Ann Baker Cotrell, eds., *Women and World Change: Equity, Issues in Development*, Beverly Hills, Calif.: Sage Publications, pp. 198-216.

—— (1990) "Cultural Missionaries, Maternal Imperialists, Feminist Allies: British Women Activists in India, 1865-1945," *Women's Studies International Forum* 13, no. 4, pp. 309-21.

Ranger, Terence (1972) "Missionary Adaptation of African Religious Institutions: The Masasi Case," in T. O. Ranger and Isaria Kimambo, eds., *The Historical Study of African Religion*, London: Heinemann, pp. 221-51.

—— (1983) "The Invention of Tradition in Colonial Africa," in Eric Hobsbawn and Terence Ranger, eds., *The Invention of Tradition*, Cambridge: Cambridge University Press, pp. 211-62［テレンス・レンジャー（中林伸浩・亀井哲也訳）「植民地下のアフリカにおける創り出された伝統」E. ホブズボウム／T. レンジャー編（前川啓治・梶原景昭ほか訳）『創られた伝統』紀伊國屋書店，1992年，323-406ページ］.

Richards, Audrey T. (1956) *Chisungu: A Girls' Initiation Ceremony among the Bemba of Northern Rhodesia*, London: Faber and Faber.

Richards, Hylda (1985) *Next Year Will Be Better*, 1952; rpt. Lincoln: University of Nebraska Press.

Rohrlich-Leavitt, Ruby, Barbara Sykes, and Elizabeth Weatherford (1975) "Aboriginal Women: Male and Female Anthropological Perspectives," in Rayna R. Reiter, ed., *Toward an Anthropology of Women*, New York: Monthly Review Press, pp. 110-26.

Romero, Patricia W. (1987) *E. Sylvia Pankhurst: Portrait of a Radical*, New Haven and London: Yale University Press.

Russell, Diana E. H. (1989) *Lives of Courage: Women for a New South Africa*, New York: Basic Books.

Shostak, Marjorie (1981) *Nisa: The Life and Words of a ! Kung Woman*, Cambridge: Harvard University Press.

Simpson, Alyse (1985) *The Land That Never Was*, 1937; rpt. Lincoln: University of Nebraska Press.

Sinha, Mrinalini (1992) "'Chathams, Pitts, and Gladstones in Petticoats': The Politics of Gender and Race in the Ilbert Bill Controversy, 1883-1884," in Nupur Chaudhuri and Margaret Strobel, eds., *Western Women and Imperialism: Complicity and Resistance*, Bloomington: Indiana University Press, pp. 98-116.

Spear, Percival (1963) *The Nabobs*, London: Oxford University Press.
Stanford, J. K. (1962) *Ladies in the Sun: The Memsahibs in India, 1790-1860*, London: The Galley Press.
Steel, Flora Annie, and Grace Gardiner (1921) *The Complete Indian Housekeeper and Cook*, 1888; rev. ed. London: Heinemann.
Stevenson, Catherine Barnes (1982) *Victorian Women Travel Writers in Africa*, Boston: Twayne Publishers.
Stocks, Mary D. (1949) *Eleanor Rathbone: A Biography*, London: Victor Gollancz.
Stoler, Ann Laura (1989) "Rethinking Colonial Categories: European Communities and the Boundaries of Rule," *Comparative Studies in Society and History* 31, no. 1 (January), pp. 134-61.
Strobel, Margaret (1979) *Muslim Women in Mombasa, 1890-1975*, New Haven and London: Yale University Press.
——— (1987) "Gender and Race in the Nineteenth- and Twentieth-Century British Empire," in Renate Bridenthal, Claudia Koonz, and Susan Stuard, eds., *Becoming Visible: Women in European History*, 1st ed. 1975; Boston: Houghton Mifflin, pp. 375-96.
Sundkler, Bengt, and Per-Åke Wahlström, eds. (1977) *Vision and Service: Papers in Honour of Barbro Johansson*, Uppsala: The Scandinavian Institute of African Studies and the Swedish Institute of Missionary Research.
Talbot, D. Amaury (1968) *Women's Mysteries of a Primitive People: The Ibibios of Southern Nigeria*, 1915; rpt. London: Frank Cass.
Thurman, Judith (1982) *Isak Dinesen*, New York: St. Martin's Press.
"A Tribute to Ruth First," *Review of African Political Economy*, no. 25 (September-December 1982), pp. 3-64.
Trollope, Joanna (1983) *Britannia's Daughters: Women of the British Empire*, London: Hutchinson.
Turner, Victor (1971) "Introduction," in *Colonialism in Africa 1870-1960, Volume 3, Profiles of Change: African Society and Colonial Rule*, Cambridge, Eng.: Cambridge University Press.
Udell, Florence (1949) "Queen Elizabeth's Colonial Nursing Service," *Corona* (May), pp. 23-24.
Van-Helten, Jean Jacques, and Keith Williams (1983) "'The Crying Need of South Africa': The Emigration of Single British Women to the Transvaal, 1901-1910," *Journal of Southern African Studies* 10, no. 1 (October), pp. 17-38.
Van Onselen, Charles (1982a) *Studies in the Social and Economic History of the Witwatersrand, 1886-1914, Volume One, New Babylon*, Lon-

don: Longman.
Van Onselen, Charles (1982b) *Studies in the Social and Economic History of the Witwatersrand, 1886–1914, Volume Two, New Nineveh*, London: Longman.
Walker, Cheryl (1982) *Women and Resistance in South Africa*, London: Onyx Press.
Wipper, Audrey (1975–76) "The Maendeleo ya Wanawake Movement in the Colonial Period: The Canadian Connection, Mau Mau, Embroidery and Agriculture," *Rural Africana*, no. 29 (Winter), pp. 195–214.
—— (1984) "Women's Voluntary Associations," in Margaret Jean Hay and Sharon Stichter, eds., *African Women South of the Sahara*, London and New York: Longman, pp. 59–86.
Wright, Marcia (1971) *German Missions in Tanganyika, 1891–1914: Lutherans and Moravians in the Southern Highlands*, London: Oxford University Press.
—— (1977) "Family, Community and Women as Reflected in 'Die Safwa' by Elise Kootz-Kretschmer," in Bengt Sundkler and Per-Åke Wahlström, eds., *Vision and Service: Papers in Honour of Barbro Johansson*, Uppsala: The Scandinavian Institute of African Studies and the Swedish Institute of Missionary Research, pp. 108–16.
—— (1986) "Tambalika: Perspectives on a Colonial Magistrate in Central Africa," *African Affairs* 85, no. 338 (January), pp. 13–22.
Yang, Anand A. (1989) "Whose Sati? Widow Burning in Early 19th-Century India," *Journal of Women's History* 1, no. 2 (Fall), pp. 8–33.

原著者の主要著作一覧

書 籍

Muslim Women in Mombasa, 1890–1975, New Haven, Conn.: Yale University Press, 1979; co-winner of the Herskovits Award, African Studies Association, 1980.

Three Swahili Women: Life Histories from Mombasa, Kenya, edited with Sarah Mirza, Bloomington: Indiana University Press, 1989; available in Swahili as *Wanawake Watatu wa Kiswahili*, Indiana University Press, 1990.

European Women and the Second British Empire, Bloomington: Indiana University Press, 1991.

Where Feminism Was Happening: The Chicago Women's Liberation Union of the 1970s (forthcoming).

単・共編著

Two special issues of *Journal of Women's History* on women in Africa, Asia, Latin America, and Middle East, co-edited with Cheryl Johnson-Odim, 1, no. 2 (September 1989) and 2, no. 1 (May 1990).

Special issue of *Women's Studies International Forum* on Western women and imperialism, co-edited with Nupur Chaudhuri, 13, no. 4 (July 1990); co-author of introduction.

Special issue of *Signs: A Journal of Women in Culture and Society* on African women, co-edited with Bolanle Awe, Susan Geiger, Nina Mba, Marjorie Mbilinyi, and Ruth Meena, 16, no. 3 (Summer 1991); co-author of introduction.

Western Women and Imperialism: Complicity and Resistance, co-edited with Nupur Chaudhuri, Bloomington: Indiana University Press, 1992; co-author of introduction.

Expanding the Borders of Women's History: Essays on Women in the Third World, co-edited with Cheryl Johnson-Odim, Bloomington: Indiana University Press, 1992; co-author of the introduction.

"Restoring Women to History"; four book series on women in the history of Africa, Asia, Latin America and the Caribbean, and the Middle East, co-edited with Cheryl Johnson-Odim, 1988, rev. ed. Bloomington:

Indiana University Press, 1999; co-author of introduction.

Editorial Board/Board of Directors, CWLU Herstory Website Project, 1998-present.

Editorial Board, *Women Building Chicago 1790-1990: A Biographical Dictionary*, edited by Rima Lunin Schultz and Adele Hast, Bloomington: Indiana University Press, 2001.

Pots of Promise: Mexicans, Reformers, and the Hull-House Kilns, 1920-1940, with Cheryl R. Ganz, Urbana and Chicago: University of Illinois Press, under contract, being reviewed.

主要論文

"From *Lelemama* to Lobbying: Women's Associations in Mombasa, Kenya," in Nancy J. Hafkin and Edna G. Bay, eds., *Women in Africa: Studies in Social and Economic Change*, Stanford: Stanford University Press, 1976, pp. 183-211.

"Review Essay: African Women," *Signs: A Journal of Women in Culture and Society* 8, no. 1 (Autumn 1982), pp. 109-31.

"Women in Religious and Secular Ideology," in Margaret Jean Hay and Sharon Stichter, eds., *Women in Subsaharan Africa*, 1984; 2nd ed. New York: Longman, Inc., 1995, pp. 101-18.

"Slavery and Reproductive Labor in Mombasa," in Claire C. Robertson and Martin A. Klein, eds., *Women and Slavery in Africa*, Madison: University of Wisconsin Press, 1983, pp. 111-29.

"Family History in Africa," with Karen Tranberg Hansen, *Trends in History* 3, no. 3/4 (Spring/Summer 1985), pp. 127-49.

"Gender and Race in the Nineteenth- and Twentieth- Century British Empire," in Renate Bridenthal, Claudia Koonz, and Susan M. Stuard, eds., *Becoming Visible*, 2nd ed., Boston: Houghton Mifflin, 1987; 3rd edition forthcoming, pp. 375-96.

"Women's Liberation Unions," in Mari Jo Buhle, Paul Buhle, and Dan Georgakas, eds., *The Encyclopedia of the American Left*, New York: Garland Publishing, 1990, pp. 841-42.

"Gender, Sex, and Empire," pamphlet for the American Historical Association's series Essays on Global and Comparative History (1992), reprinted in Michael Adas, ed., *Islamic and European Expansion and the Forging of a Global Order*, Vol. I of series Essays on Global and Comparative History, Philadelphia: Temple University Press, 1993, pp. 345-75.

"Consciousness and Action: Historical Agency in the Chicago Women's Liberation Union," in Judith Kegan Gardiner, ed., *Provoking Agents:*

Theorizing Gender and Agency, Urbana: University of Illinois Press, 1995, pp. 52–68.
"Organizational Learning in the Chicago Women's Liberation Union," in Myra Marx Ferree and Patricia Yancey Martin, eds., *Feminist Organizations: Harvest of the New Women's Movement*, Philadelphia: Temple University Press, 1995, pp. 145–64.
"Gender, Race and Empire in Nineteenth- and Twentieth- Century Africa and Asia," in Renate Bridenthal, Susan M. Stuard, and Merry E. Weisner, eds., *Becoming Visible*, 3rd ed., Boston: Houghton Mifflin, 1998, pp. 389–414.
"Drop by Drop the Bottle Fills," in Eileen Boris and Nupur Chaudhuri, eds., *Voices of Women Historians: The Personal, The Political, the Professional*, Bloomington: Indiana University Press, 1999, pp. 174–88.
"Becoming an Historian, Being an Activist, and Thinking Archivally: Documents and Memory as Sources," *Journal of Women's History* 11, no. 1 (Spring 1999), pp. 181–92.
"The Academy and the Activist: Collective Practice and Multicultural Focus," in Florence Howe, ed., *The Politics of Women's Studies: Testimony from 30 Founding Mothers*, New York: The Feminist Press, 2000, pp. 155–79.
"The 'Don't Throw It Away!' Project at the University of Illinois at Chicago," *NWSA Journal* 12, no. 2 (Summer 2000), pp. 163–69.
"Women's History, Gender History, and European Colonialism," in Gregory Blue, Martin Bunton, and Ralph Crozier, eds., *Colonialism and the Modern World: Selected Studies*, Armonk, New York: M. E. Sharpe, 2002, pp. 51–68.
"Hull-House and Women's Studies: Parallel Approaches of First- and Second-Wave Feminists," *Women's Studies Quarterly*, special issue "Then and Now," 30, no. 4 (Fall/Winter 2002).
"Doing Oral History as an Outsider," in *Women's Oral History: The Frontiers Reader*, Lincoln: University of Nebraska Press, forthcoming 2002; first appeared in *Frontiers: A Journal of Women's Studies* 2, no. 2 (Summer 1977), pp. 68–72.
"The Theory and Practice of Women's History and Gender History in Global Perspective," with Marjorie Bingham, in Bonnie Smith, ed., *Women's and Gender History in Global Perspective*, Vol. I, Philadelphia: Temple University Press, forthcoming; co-published with the American Historical Association.
"Hull-House," in Virginia Sanchez Korrol and Vicki Ruiz, eds., *Encyclopedia of Latinas in the United States*, Bloomington: Indiana Univer-

sity Press, forthcoming.

Also published in History and Social Change in East Africa（Hadith 6）, ed. Bethwell A. Ogot, Nairobi: East African Publishing House, 1976, pp. 207-35.

上記以外，*The History Teacher, Kenya Historical Review, African Studies Review, The African Review, Journal of Women's History*などにも論文収録.

書評掲載誌

Journal of Women's History; *International Journal of African Historical Studies*; *African Economic History*; *American Historical Review*; *Women's Studies International Forum*; *Contemporary Sociology*; *BaShiru*; *A Journal of the Department of African Languages and Literatures*; *Signs: A Journal of Women in Culture and Society*; *Radical History Review*.

訳者解題の引用文献

Cannadine, David (1995) "Review Article: The Empire Strikes Back," *Past & Present*, no. 147 (May).

—— (2002) *Ornamentalism*, Oxford: Oxford University Press.

Burton, Antoinette (2001) "Thinking beyond the Boundaries: Empire, Feminism and the Domains of History," *Social History*, vol. 26, no. 1 (January).

Chicago, Judy (1996) *Beyond the Flower: The Autobiography of a Feminist Artist*, New York: Viking Press.

Colley, Lind (2002) "What is Imperial History Now?," in David Cannadine, ed., *What is History Now?,* Basingstoke: Palgrave.

Connolly, Clara (1993) "Culture or Citizenship?: Notes from the 'Gender and Colonialism' Conference, Galway, Ireland, May, 1992," *Feminist Review,* no. 44 (Summer).

Cook, Scott B. (1987) "The Irish Raj: Social Origin and Careers of Irishmen in the Indian Civil Service, 1855-1914," *Journal of Social History*, vol. 20, Issue 3 (Spring).

Darby, Phillip (1998) "Taking Fieldhouse Further: Post-Colonizing Imperial History," in D. K. Fieldhouse, A. J. Stockwell, and P. Burroughs, eds., *Managing the Business of Empire*, London: Frank Cass & Co.

Fieldhouse, David (1984) "Can Humpty-Dumpty be put together attain?: Imperial History in the 1980s," *Journal of Imperial & Commonwealth History*, vol. 12, no. 2 (May).

Formes, Malia B. (1995) "Beyond Complicity versus Resistance: Recent Work on Gender and European Imperialism," *Journal of Social History*, vol. 28, Issue 3 (Spring).

Francis, Martin and Ina Zweiniger-Bargielowska, eds. (1996) *The Conservatives and British Society, 1880-1990*, Cardiff: University of Wales Press.

Gouda, Frances and Julia Claney-Smith, eds. (1998) *Domesticating the Empire: Race, and Family Life in French and Dutch Colonialism*, Charlottesvill & London: University Press of Virginia.

Hall, Catherine (1993) "Gender, Nationalism and National Identities: Bellagio Symposium, July 1992," *Feminist Review*, no. 44 (Summer).

Hall, Catherine (2000) "Introduction: Thinking the Postcolonial, Thinking the Empire," in Catherine Hall, ed., *Cultures of Empire: A Reader*, Manchester: Manchester University Press.

Hardt, Michael and Antonio Negri (2000) *Empire*, Cambridge, Mass.: Harvard University Press (A. ネグリ／M. ハート〔水嶋一憲・酒井隆史・浜邦彦・吉田俊実訳〕『帝国』以文社, 2003年).

Hopkins, A. G. (1999) "Viewpoint: Back to the Future: From National History to Imperial History," *Past & Present*, no. 164 (August).

Howe, Stephen (2000) "The Politics of Historical 'Revisionism': Comparing Ireland and Israel/Palestine," *Past & Present*, no. 168 (August).

——— (2001) "The Slow Death and Strange Rebirths of Imperial History," *Journal of Imperial & Commonwealth History*, vol. 29, no. 2 (May).

Jayawardena, Kumari (1995) *The White Woman's other Burden: Western Women and South Asia during British Colonial Rule*, London: Routledge.

Jeffery, Keith (1996) *'An Irish Empire'?: Aspcets of Ireland and the British Empire*, Manchester: Manchester University Press.

Johnson-Odim, Cheryl and Margaret Strobel (1992) *Expanding the Boundaries of Women's History: Essays on Women in the Third World,* Bloomington: Indiana University Press.

Jones, Amelia, ed. (1996) *Sexual Politics: Judy Chicago's Dinner Party in Feminist Art History*, UCLA at the Armand Hammer Museum of Art and Cultural Center with U. C. Press.

Joyce, Patrick (1998) "The Return of History: Postmodernism and the Politics of Academic History in Britian," *Past & Present*, no. 158 (February).

Kenealy, Christine (1999) *A Disunited Kingdom?: England, Ireland, Scotland, and Wales, 1800-1949*, Cambridge UP.

Knowles, Caroline (2000) "Home and Away: Maps of Territorial and Personal Expansion, 1860-97," *The European Journal of Women's Studies*, vol. 7, no. 3 (August).

Lowry, Donal (1997) "'White Woman's Country': Ethel Tawse Jollie and the Making of White Rhodesia," *Journal of Southern African Studies*, vol. 23, Issue 2 (June).

Mani, Lata (1990) "Contentious Traditions: The Debate on Sati in Colonial India," in Kumkum Sangari and Sudesh Vaid, eds., *Recasting Women: Essays in Indian Colonial History*, New Brunswick: Rutgers University Press.

——— (1998) *Contentious Traditions: The Debate on Sati in Colonial India*, University of California Press.

Maynard, Mary (2000) "Gender and Ethnicity at the Millennium: From Margin to Centre," *Ethnic and Racial Studies*, vol. 23, Issue 5 (September).

McClintock, Anne (1995) *Imperial Leather: Race, Gender and Sexuality in the Colonial Conquest*, New York: Routledge（原著第３章の邦訳は，A. マクリントック〔村山敏勝訳〕「帝国の革ひも」上・下『思想』第886・887号，1998年４・5月）.

Midgley, Clara, ed. (1998) *Gender and Imperialism*, Manchester: Manchester University Press.

Morin, Karen M. and Lawrence D. Berg (1999) "Emplacing Current Trends in Feminist Historical Geography," *Gender Place & Culture: A Journal of Feminist Geography*, vol. 6, Issue 4 (December).

Nairn, Tom (1977) *The Break-up of Britain: crisis and neo-nationalism*, London: Verso Books.

——— (1997) *Faces of Nationalism: Janus Revisited*, London: Verso Books.

Piroux, Lorraine (1998) "'I'm Black an' I'm Proud': Re-Inventing Irishness in Roddy Doyle's the Commitments," *College Literature*, vol. 25, Issue 2 (Spring).

Porter, Bernard (1968) *Critics of Empire: British Radical Attitudes to Colonialism in Africa, 1895-1914*, London: Macmillan.

Prakash, Gyan (1994) "Subaltern Studies as Postcolonial Criticism," *American Historical Review*, vol. 99, no. 5 (December).

Silvestri, Michael (2000) "'The Sinn Fein of India': Irish Nationalism and the Policing of Revolutionary Terrorism in Bengal," *Journal of British Studies*, vol. 39 (October).

Strobel, Margaret (1983) "Slavery and Reproductive Labor in Mombasa," in Claire C. Robertson and Martin A. Klein, eds., *Women and Slavery in Africa*, Madison: University of Wisconsin Press.

——— (1993) "Gender, Sex and Empire," in Michael Adas, ed., *Islamic & European Expansion: The Forging of a Global Order*, Philadelphia: Temple University Press.

Stoler, Ann Laura (1995) *Race and the Education of Desire: Foucault's 'History of Sexuality' and the Colonial Order of Things*, Durham: Duke University Press（原著第４章の抄訳は，A. L. ストーラー〔川村一郎訳〕「人種の言説／階級の言語――ブルジョア的身体と人種的自己を育成する」『現代思想』1997年３月号，104-22頁）.

——— (1996) "Karnal Knowledge and Imperial Power: Gender, Race and Morality in Colonial Asia," in Joan Wallach Scott, ed., *Oxford Reading in Feminism: Feminism and History*, Oxford: Oxford Univer-

sity Press.
Stoler, Ann Laura (2001) "Tense and Tender Ties: The Politics of Compassion in North American History and (Post) Colonial Studies," *Journal of American History*, vol. 88, no. 3 (December).
Thompson, Andrew (2001) "Is Humpty Dumpty Together again? Imperial History and *the Oxford History of the British Empire*," *Twentieth Century British History*, vol. 12, no. 4 (December).
Wahrman, Dror (1992) "Virtual Representation: Parliamentary Reporting and Languages of Class in the 1790s," *Past & Present*, no. 136 (August).
Watts, Ruth (2000) "Breaking the Boundaries of Victorian Imperialism or Extending a Reformed 'Paternalism'?: Mary Carpenter and India," *History of Education*, vol. 29, Issue 5 (September).
Wolf, James B. (1996) "A Woman passing through: Helen Caddick and the Maturation of the Empire in British Central Africa," *Journal of Popular Culture*, vol. 30, Issue 3 (Winter).

粟屋利江（2001）「白人女性の責務（The White Woman's Burden）」『歴史評論』No. 612（4月）.
井野瀬久美惠（2003）「『ディナー・パーティ』を越えるために」『歴史学研究』第777号（7月）.
岡　真理（2000）『彼女の「正しい」名前は何か』青土社.
北原　恵（1998）「"招待"への再考――《ディナー・パーティ》をめぐるフェミニズム美術批評」『超域文化科学紀要』第3号（6月）.
高田　実（2002）「イギリス近現代史におけるアイデンティティの多層性を考えるために」『九州国際大学社会文化研究所紀要』第50号（11月）.
タトル，リサ（1998）（渡辺和子監訳）『新版　フェミニズム事典』明石書店.
千田有紀（2002）「フェミニズムと植民地主義――岡真理による女性性器切除批判を手がかりとして」『大航海』（特集：漂流するジェンダー）No. 43（7月）.
チャーチル，キャリル（1992）（安達紫帆訳）「トップガールズ」劇書房.
ネグリ，アントニオ&ハート，マイケル（2003）（水嶋一憲他訳）『〈帝国〉グローバル化の世界秩序とマルチチュードの可能性』以文社.
ヒラータ，ヘレナほか編（2002）（志賀亮一・杉村和子監訳）『読む事典・女性学』藤原書店.
フーコー，ミシェル（1986）（渡辺守章訳）『性の歴史――知への意志』第Ⅰ巻，新潮社.
宮崎　章（2001）「イギリス帝国史再考」『待兼山論叢』（史学篇）第35号（12月）.